JN236417

Shincho Sensho

新潮選書

愛の研究

ひろ　さちや

愛の研究■目次

第一章　人間が商品化された現代日本の悲劇　11

第二章　愛してはならないという仏教の教え　43

第三章　隣人は愛し、敵は憎めという神からの命令　81

愛の研究

第一章　人間が商品化された現代日本の悲劇

▼愛されたが故に死なねばならぬ

古代の日本の愛の物語には、なぜか哀《かな》しいものが多いようです。日本人の民族性でしょうか。

菟原処女《うないおとめ》の伝説がそうです。

真間手児名《ままのてこな》の伝説もそうです。

菟原処女は、六甲山南麓の菟原《うはら》の地（現在の兵庫県芦屋市周辺）に住んでいたという美少女です。

彼女に言い寄る男たちが多かったのですが、とりわけ熱心なのが菟原壮士《うないおとこ》と和泉国（大阪府南部）の智弩壮士《ちぬおとこ》でした。二人の男は命をかけて争います。それを見て思い悩んだ処女は、生きてこの世でいずれの方と結婚することはできぬ、黄泉《よみ》の国まで追って来てくれた方になびこうと母に告げて、生田川に入水《じゅすい》しました。

彼女の死んだ夜、智弩壮士は夢でそれを知ります。そして、彼は処女の後を追いました。後れをとった菟原壮士は、天を仰いで叫び、地を踏んで悔しがり、太刀を取って二人の後を追いました。

この伝説は『万葉集』（巻九）に高橋虫麻呂が歌っています。愛されたが故に乙女は死なねばならず、愛したが故に二人の男も死なねばならなかったのです。だとすれば、愛とは何でしょうか……？

真間手児名は、下総国葛飾郡真間（現在の千葉県市川市真間）に住んでいたとされる美少女です。やはり『万葉集』（巻九）に高橋虫麻呂が歌っています。

彼女は粗末な麻の衣を着て、髪もけずらず沓《くつ》も履かずという貧しい少女でしたが、多くの男たちから求婚されました。だが、そのうちの一人を選ぶことが彼女にはできません。それで、花の盛りを入江に入水して果てたのです。

ここにも愛の残酷があります。

だが、現代の日本人は、これらの伝説を正当に理解できるでしょうか。

「馬鹿じゃないの?!　二人の男のうち、どちらかいいほうを選べばよいのに……。多くの男性から求婚されたのであれば、いちばんいいのを選べばよいのに……。振られた男たちが死ぬのはわかるけれども、なにも自分が死ぬことはないでしょう」

現代の若き女性たちは、きっとそう言うに違いありません。

また、現代の男どもも、「選べばよい」と言うでしょう。

ですが、現代人がそう言うのは、それは現代において「愛」が変質してしまったからです。選ぶ、選べるということは、相手が品物だからです。あるいは商品だからです。資本主義社会において商品は、消費者の選択を前提として作られています。

ということは、現代日本の社会において、人間が商品化されてしまったことを意味しませんか。

わたしは、この、

——人間の商品化——

といった言葉が、日本の現代社会を読み解くキイ・ワードだと思っています。

▼愛を求めてピストル自殺したアメリカの青年

人間の商品化について考察を進める前に、もう一つの愛の悲劇を紹介しておきます。

これは、半世紀ほど前、アメリカで起きた出来事です。

一九五〇年に朝鮮戦争が勃発したとき、日本に駐留していたアメリカの占領軍の兵士たちがそのまま朝鮮半島に送り込まれました。そのうちの一人が行方不明になります。

その青年兵士の両親は、息子は戦死したものと、すっかりあきらめていました。

だが、ある日、両親のところに息子から電話がかかってきます。自分は戦場で負傷し、本国に送還され、病院で治療を受けた。ようやく退院できるようになったので、お父さん、迎えに来てほしい、と。

父親は喜びます。よかった、よかった。いますぐ迎えに行くよ。

しかし、息子は言います。じつは、お父さん、お願いがあるんだ。

「何だ?」

「ぼくの親友が同じく負傷したんだ。彼は両脚を切断されるほどの重傷だった。お父さん、その彼を、ぼくと一緒に家に連れて帰ってくれないか……」

「ああ、いいよ。二、三日ぐらい、わが家でゆっくりしてもらおう」

「いや、お父さん、二、三日じゃないんだ。その親友をわが家に引き取って、一生、面倒見てやってほしいんだ」

「おまえはなんて馬鹿なことを言っているんだ。そんな見ず知らずの他人さまを引き取り、一生のあいだ面倒を見るなんて、できないことぐらいわからないのか。ましてやその人は、両脚切断されたんだろう。そんな人の面倒を見るのは、大変なことだよ」

「でも、お父さん、ぼくはその親友と別れることはできないんだ」

「何を言っているんだ。お父さんは、いますぐおまえを迎えに行くからな……」

「いや、彼と一緒に連れて帰ってくれないのであれば、お父さん、ぼくを迎えに来る必要はないよ」

「馬鹿なことを言うんじゃない。ともかくおまえを迎えに行く」

けれども、父親が病院に着いたとき、息子はすでにピストル自殺をしていました。

父親は息子の遺体に対面します。

その遺体には両脚がありません。

両脚切断された親友というのは、じつは自分自身だったのです。

わたしはこの話を、三浦綾子さんのエッセイで読みました。少し潤色して紹介しました。

また、三浦綾子さんと対談で本――三浦綾子vs.ひろさちや対談集『キリスト教・祈りのかたち』（主婦の友社、一九九四年）――をつくったとき、冒頭でこの話を話題にしました。

印象深い、そして衝撃的な話です。

青年はなぜ自殺をしたのでしょうか……？

青年の両親が冷たいわけではありません。両親はあたたかく息子に愛をそそいでいます。

そして、息子が、「ぼくの両脚がなくなってしまった」と告げたにしても、

「いいではないか、両脚ぐらいなくなっても……。命があっただけでよかったのだ」

と言ってくれるでしょう。そのことを息子は疑っていなかった。わたしは、そう思います。

にもかかわらず、青年は、両脚切断された人間を自分ではなしに親友にせざるを得なかった。なぜでしょうか……？

両親が与えてくれる愛情と、青年が求めていた愛情とが違っていたからです。

そこに悲劇があったのです。

▼「わたしは無条件の愛によってしか救われない」

愛とは何でしょうか？

親が子を愛します。まず、肉親の愛があります。

しかし、最近の報道では、幼児虐待の事件が数多く報告されています。親が子を愛さない事例です。もっとも、それを「異常」と呼び、最近の世相を「狂気」と断ずるのはどうでしょうか。親が子を憎み、あるいは邪魔者扱いにし、わが子を虐待する例は、歴史上いくらでもあります。幼児ではなく成人した親子関係ともなれば、親が子を勘当し、子が父を殺すといった事例は、それこそ枚挙に暇《いとま》がありません。

ですが、その問題は後回しにしましょう。

わたしたちは、親が子を愛することを前提に考察を進めます。

アメリカの青年は、親が自分を愛してくれていることを、つゆ疑っていませんでした。ハンディキャップのある体になっても、両親は息子の命のあったことを喜んでくれるでしょう。そのことは信じて疑わなかった。

けれども、彼は考えたでしょう。朝鮮からアメリカに送還されるあいだ、そしてアメリカの病院で手当てを受けているベッドの上で、来る日も来る日も彼は考えつづけたのです。

愛に永続性があるだろうか……?

そう問いを発した瞬間、彼は愕然とします。

愛は、いつか冷めるものです。

ときに愛は、憎しみに転化します。

そんなことは、ちょっと考えればわかることです。誰だって知っていることです。

いまは、両親は、自分の生存を喜んでくれるだろう。だが、長い一生のあいだには、いつの日か両親の心に、

〈こんなことになるのであれば、息子は、いっそあのときに戦死していてくれればよかったのに……〉

という想念が兆《きざ》すかもしれない。あるいは、自分自身だって、

〈あのとき戦死していたほうがよかったのに……。そうすれば、こんな苦しい想いをしない

ですんだのに……〉

と思う日が来るかもしれない。

いや、そこまでいかなくても、年を取った両親が、本来であれば二人そろって旅行に出かける。けれども、ハンディキャップのある息子のために、それもできない。ぼくのために両親が犠牲になってしまう。心苦しい。そう思う日が、やがてやって来るだろう。そんなとき、自分は何を頼りに生きることができるか……？

〈そうだ！〉

ある瞬間、青年ははっと気づきます。

〈まったくの他人を引き取って、その人間の面倒を一生見つづけよう……と決心する、そのような愛であれば、自分はその愛を頼りに生きることができるのではないか〉

そのような愛を、何と呼べばよいのでしょうか。

じつは、仏教では、そのような愛を、

――慈悲――

と呼んでいます。仏教の慈悲については、あとで詳しく考察しましょう。いや、慈悲とは何か？　それを考察するのが本書の一つのテーマです。

でも、いまは、まだ〝慈悲〟という言葉は使わずにおきます。ここでは、青年の考えた

（と、わたしは思っていますが）「愛」を、

——絶対の愛（無条件の愛）——

と呼ぶことにしましょう。両親の息子に対する愛は、血縁（血が繋がっているという条件）にもとづいた愛です。だから、それは縁による愛なんです。そのような縁による愛は、ときには冷め、ときには憎しみに転じます。そうした愛でもっては、自分が救われることはないと、青年は思ったのです。

自分が救われる愛は、絶対の愛（無条件の愛）である——。血縁だとか、家族だとか、地縁だとか、そういった条件に縛られない愛。見ず知らずの他人を引き取って、その人の面倒を一生見つづけようとする愛。そのような愛によってはじめて、ハンディキャップのある自分が生きてゆける。彼はそう気づいたのです。

彼は、それを父親に伝えようとしました。

「ぼくの親友の面倒を一生見てやってほしい」

その言葉は、青年が長いあいだかかって考えたものです。

けれども、父親にとっては、それはいきなりの言葉です。父親がそれを理解できなかったからといって、父親を責めるのは酷です。父親に責任はありません。

でも、青年は自殺せざるを得なかったのです。

悲劇は必然的でした。

▼縁による愛は変化する

わたしたちが普通に「愛」だと思っているものは、本質的に「縁による愛（条件づきの愛）」なんです。だから、美しいものは愛せても、醜いものは愛せません。憎むことになってしまいます。

蜘蛛《くも》の巣に蝶が引っかかっていました。

「まあ、かわいそうに……」

と、幼稚園の先生が、蜘蛛の巣を破って蝶を逃がしてやります。ひらひら飛び去る蝶を、先生は清々しい気持ちで眺めています。

だが、そのとき、園児の一人が先生に喰ってかかります。

「先生、駄目じゃないか！　そんなことをしたら、蜘蛛がかわいそうだよ」

一瞬、先生は腹を立てます。それを言ったのは、日頃、手を焼かせる男の児《こ》でした。

〈いやなことを言う児だ〉

と思ったのですが、よく考えてみると、その児の言うことにも一理あります。蜘蛛はせっかく得られた餌を失ったのです。だとすれば、彼女は蝶を助けて蜘蛛をいじめたことになります。

雑草と野草の違いをご存じでしょうか……?

じつは、両者はまったく同じ植物なんです。同じ植物なのに、それが生える場所によって雑草になったり野草になったりします。

というのは、雑草とは、

――人間が管理している土地に生え、その管理しているものに悪い影響を与える植物――

と定義されるからです。たとえば、田や畠に草が生えると、その草はそこで人間が作っている作物が必要とする水分や養分を奪います。そんな草は生えないほうがいい、と、われわれは思います。そのとき、その草が雑草になります。

学校の運動場や公園、あるいは家の庭に草が生えると、美観が損なわれます。また、病害虫が発生して、みんなの迷惑になります。だから、それは雑草と呼ばれるのです。

でも、同じ草が山野に生えれば、そのときは野草になります。

そして、わたしたちは雑草を嫌い、野草を愛します。まったく同じものを、あるときは嫌い、あるときは好きになるのだから、勝手なものです。しかし、それが縁による愛の本質なんですよね。

このように、美しいものを愛し醜いものを憎むという、美しいか醜いかといった条件（縁）によって発揮される愛は、一方にとってはよくても、他方にとっては悪いという結果になります。また、いまは美しいものであっても、のちには醜いものに変化します。芋虫がのちに蝶になるのは醜いものが美しいものに変化するわけで反対の例ですが、ともかく縁による愛は愛から憎しみへ、憎しみから愛へと変化するものです。

さらにまた、美しいものはより美しいものにくらべると醜いものになります。絶対的に美しいものなんて存在しません。もちろん、反対に、絶対的に醜いものなんて存在しません。そうすると、いまはこの人を愛していても、よりいい人が現われたなら、すぐに心変りをして別の人を愛するようになるでしょう。それが縁による愛の本質です。

そして、どうやら現代日本人は、このような縁による愛しか知らないのではないでしょうか。

▼愛は人間を傷つける

けれども、菟原処女にしろ真間手児名にしろ、古代の日本人は純粋な愛情——絶対の愛を知っていました。わたしはそのように思います。

絶対の愛だからこそ、彼女たちは男を選べなかったのです。こっちの男のほうが美男子だ、こちらの男性のほうが頭がいい、この男のほうが収入がいい、そのように比較して愛人を選ぶのは縁による愛です。現代人の愛は縁による愛だからこそ選べるのです。

でも、純朴な古代人には、愛の対象を選べません。絶対の愛は、選ぶことを拒否します。それ故、多くの男性から愛された乙女は、みずからの命を断つよりほかなかったのです。

ということは、絶対の愛によっても人間は傷つくのです。

縁による愛は、ある者にとっては愛される幸せをもたらしてくれますが、別の者にとっては愛されない残酷さを味わわせるものです。それに対して絶対の愛は美しいけれども、ときに愛された者が傷つくことがあります。要するに、愛は人間を傷つける可能性があります。

だから、愛してはいけないのです。

仏教は、「愛するな!」と教えています。

仏教については、またあとで考えますが、古代の日本人も基本的に「愛するな!」と教えていました。

それが証拠に、結婚は、結婚する二人の意思に関係なく、親が決めるものでした。

現代日本人はそうした古代の風習を、

——封建的な陋習《ろうしゅう》——

と呼んで非難するでしょうが、でも本当にそれは悪しき風習であったでしょうか。男が妻となる女性を選び、女が夫となる男性を選ぶというのは、いずれにしても、

——選択——

の思想です。それは、高校入試、大学入試の同一線上にある思想であり、入社試験と同じ思想です。また、ミス・コンテストや人気投票の延長線上にある思想です。そこにおいて言えることは、

——人間の商品化——

です。現代資本主義社会においては、この人間の商品化が定着しています。企業は労働力として人間を買っています。人々は自分を高く買ってもらうために、学歴等によって自分の商品価値を高めようとして必死になっています。親はわが子の商品価値を高めるためにやっきになっています。そのような人間の商品化の社会において、夫という商品、妻という商品をわれわれは選択購入する——といった考えがあたりまえに思われるようになったのです。そして、そこから、結婚する者同士の選択を許さなかった古代の風習を、封建的陋習と非難する考えが出て来たのです。

わたしはすぐに通説に異を唱えたくなる人間ですが、男が妻を選び、女が夫を選ぶという現代の結婚制度が必ずしも理想のものとは言えないと思います。その背景に「人間の商品

化」があることを忘れてはならないでしょう。

古代の人びとは「選択」を嫌ったのです。人間の値踏みをやって、気に入ったものを自分の配偶者とするような制度を拒否しました。

そこで、親が子どもの配偶者を決める制度にしたのです。当然、親は選択をします。自分の息子に、自分の娘にふさわしい相手はだれか……親は査定をやってのけます。

でも、本人は選択をしません。

男と女は、それぞれの親が選んだ相手と結婚します。

そして、その相手とのあいだに愛を培うのです。

そうすることによって、本物の、すばらしい愛が育つ可能性があります。

もちろん、失敗もあります。でも、失敗のパーセンテージでいえば、現代のほうが離婚率が高いのではないでしょうか。

しかし、昔の人は、とくに女性は、あきらめていたのだ。だから、離婚が少なかったのだ。そう言われるかもしれません。だが、現代においても、離婚という思い切った行動はしないまでも、「仕方がない」とあきらめている女性はいるでしょうよ。昔の女性だけがあきらめていたのではないのですよ。

▼「狂育」になった現代日本の学校教育

わたしは、現代人は不幸だと思います。現代人は縁による愛しか知らず、しかもその縁による愛を信じようとします。

けれども、縁による愛は、信じることのできないものです。

縁というものは、常に変化しつづけます。たまたまいまは縁があって仲間になっていても、次の日、彼とわたしがライヴァルになるかもしれないのです。縁が切れれば、愛が憎しみに転じます。すべては縁次第です。

昔の人は、結婚してから愛を築こうとしました。少しずつ少しずつ、愛しようと努力したのです。

けれども現代人は、愛があるから結婚したのだと思っていますから、それが冷めると離れることを考えます。二人がともに愛をあたためるように努力すべきだ、それが結婚生活だ、といったような考えはありません。ですから、かりに一方がそのように努力をしても、相手のほうがその努力をしないのを見て、自分だけが努力しているのが馬鹿らしくなります。そうして自然に冷たい関係になり、その冷たい関係を持続するのが結婚生活だと思うようになるのです。場合によっては破局が訪れます。

だから、現代人は不幸なんです。

いや、いま指摘したことは、じつは現代日本社会の表面に現われた現象であって、その背後には不幸の大きな原因が横たわっているのです。わたしたちはそこに目を着けるべきでしょう。

その不幸の原因こそ、現代日本社会における人間の商品化です。

わたしたちは商品にされてしまったのです。まことに怖ろしいことです。

にもかかわらず、われわれは鈍感で、その怖ろしさに気づいていません。

いつのころか、日本人は、〝人材開発〟〝人材教育〟なんて言葉を平気で使うようになりました。

人間が「材料」にされてしまったのですよ。

企業は優秀な人材を求めます。優秀というのは、その企業にとって都合のいい人間です。社会人として優秀かどうかはわかりません。人間として優秀かどうかはわかりません。そんなことはどうだっていいのです。ともかくその企業にとって役に立ってくれる人間が優秀なんです。だから、道端でしゃがんで苦しんでいる人がいれば、

「どうしたのですか?」

と声をかけるのがあたりまえでしょう。でも、そのあたりまえをしていると、会社に遅刻します。だから、企業は、他人なんか眼中になく、ただただ会社に遅刻しないことばかりを考えている人間を、「優秀」とするのです。そういう人材を求めています。

そこで、日本の学校教育は、そのような人材を養成する養成所になってしまいました。そこでは、人間として何が大事か、といったことは教えられず、ただ企業の役に立つ人間をつくる教育がおこなわれています。たとえば、誰かが苦しんでいても、そんな奴にかまうことなく、競争に勝つことばかりを叩き込まれるのです。

兎と亀の話で、亀の努力が称讃されます。わたしはあるとき、インド人から、

「あれは悪い亀だ!　なぜ亀は、

〝もしもし兎さん、目を醒ましたらどうですか……?〟

と、昼寝をしている兎を起こしてやらなかったのだ?!　それが友情だろう。あの亀には友情がない」

と指摘されてびっくりしたことがあります。わたしはそのインド人の言葉に共鳴はしたのですが、いちおう反論しました。

「あれはゲームをやっていたのだろう。競走というゲームの中でのことだから、油断している兎を起こす必要はないだろう」

だが、同席していた別のインド人が、

「いや、おまえの考え方はまちがっている。たとえゲームであっても、ひょっとしたらその兎は病気で苦しんでいたのかもしれない。だとすれば、起こしてやるべきだ。声をかけるべきだ。そうすることによって、はじめて、その兎が怠けて昼寝をしているのか、病気で苦しんでいるのかがわかるのだ。それともおまえは、ひょっとしたら病気で苦しんでいるかもしれない兎を見捨てて、自分が勝つことばかり考えている亀を好きだ、と言うのか?! そんな日本人は大嫌いだ!」

と言いました。わたしは恥じ入るばかりでした。

いま日本で、子どもたちは、昼寝をしている兎に声をかけなかった亀は、悪い亀なんだ——と教えられているでしょうか。ただ自分が競争に勝つことばかり教わっています。兎に声をかけるようなことをすると、学校に遅刻します。そうすると日本の学校は、その子を殺してしまうのです。一九九〇年に神戸の高等学校で、日本史の教師が力まかせに鉄の校門を閉めて、遅刻した女子生徒を殺してしまう事件がありましたね。企業は、いかなる事情があろうと遅刻しない「優秀な」人材を求めています。すると学校は、そういう人材をつくらねばなりません。わたしに言わせると、日本の学校教育は、

——狂育——

になっています。そうとしか言いようがありません。

▼商品化されてしまった現代日本の子どもたち

そして、このような人間の商品化が、深く家庭の中にまで浸透しています。親はわが子を、企業が高い値段で買ってくれる商品に育てようと、やっきになっています。

そのために、親がわが子を愛する、その愛が変質してしまったのです。

子どもは商品ですから、当然、出来のいい商品か、出来の悪い商品かが判定されます。そして、出来のいいものは愛され、出来の悪いものは憎まれます。

上智大学のアルフォンス・デーケン教授から聞いた話ですが、上智大学に入った優秀な学生が、しばらくして自殺しました。なぜ自殺したかといえば、彼は父親から毎日のごとく、

「お父さんは、おまえに東大に入ってほしかった」

と聞かされ続けたからです。残酷な言葉です。

そして、その母親は、自分の夫は「人殺し」であるとして、そんな人殺しとは同居できないということで、離婚したそうです。

しかし、この父親だけを責めることができるでしょうか。母親だって、わが子を企業に売

り渡す商品と見ていたのではないでしょうか。でも、母親の要求水準は低かった。母親にとっては、上智大学はいちおう納得できるレベルだったのです。もしも彼が高校を中退していたら、その母親は内心でがっかりしなかったでしょうか。母親が父親を責めるのは、いわゆる目糞鼻糞ではないでしょうか。それとも、わたしがあまりにもきついことを言っているのでしょうか。

さらに、その母親は、自分の夫を商品として選んで結婚したのだと思います。その夫は東大出でした（たぶん）。一流会社のエリートです。だから、自分の息子にも東大に入ってほしかったのだと思います。そういう男を選んで結婚したのだとしたら、その夫が息子に言った言葉は、半分は母親のものではないでしょうか。

ともあれ、現代の日本の社会では、人間の商品化が深く浸透しています。社会のあらゆる制度がそうなっており、そのためにみんながみんな、人間を商品として見るようになっています。

「自分を高く売り込める人間になりなさい」

「もっと自分の長所を売り込みなさい」

学校で、子どもたちはそう言われつづけています。学校の先生ばかりではありません。おとながみんなそんなふうに考えているのです。日本人は知らず知らずのうちに、わが子を商品として見るようになりました。自分の子どもの成績がよくなってほしい……と、ちらりとでも思わなかった親がいるでしょうか。

わが子の成績がよくなってほしいと願うのは、あたりまえだろう。それを願わない親なんているものか?! そう反駁《はんばく》されるかもしれません。でも、半世紀前の日本の親は、いまとはだいぶ違っていたのです。

半世紀前は、敗戦直後の時代でした。学校教育が六・三・三・四制の、当時「新制」と呼ばれた制度になったばかりです。新制によると、中学校が義務教育になりました。小学校を卒業したあと、全員が中学校に行かねばならなくなったのです。

わたしは大阪市内の商店街に育ったのですが、わが家の一軒置いた隣が魚屋でした。その魚屋のおじさんが、自分の子どもを中学校に行かせなかったのです。

「魚屋の子どもに、学問なんていらん!」

それがおじさんの言葉です。もっとも、中学校の校長先生がやって来て、「そんなこと言うとったら、おまえが刑務所に入れられるで……」と脅されて、おじさんは自分の息子を中学校に行かせましたが、

「そのかわり、家に帰って来たら、家の仕事を手伝え! 学校の勉強はまかりならん!」

と厳命しました。それが、人間が商品化される以前の日本社会の姿でした。現在と違って、

子どもは商品化されていなかったのです。商品化されると、親はわが子がいい商品であることを願うようになります。

現代日本の子どもたちは不幸です。そして、子どもを不幸にしてしまったおとなたちも不幸です。子どもが不幸であって、おとなが幸福でいられるわけがありませんよね。

▼家を塒《ねぐら》にしてしまった現代日本人

もう少し、現代日本社会のいびつさを指摘しておきます。まるでわたしが現代社会に喧嘩を売っているみたいですが、安易に現代社会を容認して、現代社会に妥協してしまって、その上で宗教論を展開しても、そこで得られるのはたんなる慰めでしかありません。それでは、われらいかに生きるべきかが見えてきません。徹底的に現代社会を批判したとき、そこに新しい生き方が見えてくるのです。

そして、宗教というものは、その徹底した社会批判をやるところに存在意義があります。

《わたしが来たのは、地上に火を投ずるためである。その火が既《すで》に燃えていたらと、どんなに願っていることか。……あなたがたは、わたしが地上に平和をもたらすために来たと思うのか。そうではない。言っておくが、むしろ分裂だ》

これは、『新約聖書』の「ルカによる福音書」（12）にあるイエスの言葉です。同じことを、「マタイによる福音書」（10）では、

《わたしが来たのは地上に平和をもたらすためだ、と思ってはならない。平和ではなく、剣をもたらすために来たのだ。わたしは敵対させるために来たからである》

と述べています。明らかにイエスは社会を批判しているのです。

現代日本の宗教は、仏教にしろキリスト教にしろ、現実の世の中に迎合しています。批判精神を失った宗教は、インポテ宗教です。わたしはそう呼ぶことにしています。

で、現代日本社会の現状を批判するなら、わたしはそこに見られる、

――子どものペット化現象――

を憂えてなりません。これは、人間の商品化に伴う当然の帰結です。

じつをいえば、現代の日本からは家庭が消え失せてしまいました。わたしたちが身の回りに見ることのできるものは、とてもとても家庭と呼べる代物ではなく、たんなる、

――塒――

にすぎないとわたしは思っています。

家庭とは何か？　イギリスには、

「家は城なり」

といった法諺《ほうげん》（法律的なことわざ）があるそうです。家というものは一国一城のようなもので、家長がその城主です。そして、国家権力といえども家長の許可なくしてその家族に干渉できない——。そのような思想がイギリスにあると聞いています。つまり、家は小さな独立国なのです。

しかし、日本においては国家権力が強く、家長権はほとんど認められていません。だから、日本において国家権力から独立的な家庭を築くことはできませんが、しかしせめてそれぞれの家がそれぞれの価値基準を持っていてほしいと思います。独自の価値基準があってこそ家だと言えるのではないでしょうか。この家長権というものを、家長が家族を支配する権利と思っている人がいますが、いかにも日本人的です。家族というものは血縁集団で、支配—被支配といった関係ではないのです。そして、家族が先にあって、国家はあとから出来たものです。この国家の支配に対抗するために家族があるのです。ところが日本人は、国家の支配を認めてしまって、家長が国家のために家族の一人一人を支配することが家長の役目だと思っています。まさに日本人は、意識的には国家の奴隷になっているのです。

ちょっと抽象的でわかりにくければ、こう考えてください。たとえば、いま、子どもたちは世間の価値基準で査定されています。平均点だとか偏差値というのがそれで、この子は何点、どのクラスかが評価されているのです。これは世間の物差しですね。

その世間の物差し＝世間の価値基準が、そっくりそのまま日本の家庭に持ち込まれています。世間で優等生と評価された者は、たいていの家庭において優等生と遇されます。反対に世間の価値基準において劣等生の烙印を押された者は、家に帰っても劣等生と扱われます。だとすれば、家は城ではありません。まったく世間と変りのない世界であって、つまり塀でしかないのです。

世間とまったく違う物差し＝価値基準があってこそ、家は城になるのです。

学校で、おまえは劣等生だと評価された子が家に帰って来て、父や母から、

「学校の成績なんて、どうだっていいんだよ。お父さんはおまえの味方だぞ。お父さんはおまえを誇りに思っているよ。そのことを忘れるな！」

「お母さんは、あなたが大好きよ。そんな学校の点数なんて、お母さんはちっとも気にしていないいんだからね」

と言われたとき、その子はわが家において安心できるのです。その安心が、いまの日本の家庭にはありません。悲しいことです。

▼ペットにされてしまった日本の子どもたち

子どもばかりではありません。亭主がまた、妻から、

「あなたは万年係長ね。お隣りさんはとっくに部長になっているのに……。駄目ねえ」

と言われます。係長か課長か部長か、そんなのは会社の物差しでしょう。家においては、そんな物差しを忘れたい。そんな物差しを忘れたとき、本当の家庭になるのです。家は埒でしかないから、亭主は赤提灯でおだをあげるのです。赤提灯にいるあいだは、少なくとも会社の物差しを忘れることができるからです。

このように、現在の日本には、本当の家庭がありません。しかし、それでも困りません。なぜなら、家庭がなくても、年金制度、保険制度等によって国家が老人の面倒を見てくれることになっているからです。完全に面倒を見てくれるかどうかは疑わしいのですが、制度的にはそのようになっています。

そうすると、日本人は子どもを生む必要がなくなりました。

昔は、老後の面倒を子どもに見てもらうために子どもを生んだのです。家の存続とは、そういうものです。それを「不純な動機」と見るのはおかしい。人間が生物であるかぎり、親

が子の面倒を見、のちになって子が親の面倒を見るのがあたりまえです。

でも、現在の日本では、その意味での子を生む必要はありません。だから、一人の女性の生涯出産数が平均で一・三三人になっています（二〇〇一年の人口動態統計）。女性は半分しかいないのですから、一人が二人の子を生んで人口は横這いです。一・三三人という数字は、明らかに異常です。

では、その一・三三人は、何のために生んでいるのか？

生む必要がないのに生んでいるのだから、それはペットを飼う心理だと思います。わたしはそれを「ペット化現象」と呼んでいます。

ひょっとしたら、わたしの言葉は、読者の反感を買っているのではないでしょうか。おまえはそう言うが、わたしの愛情はもっと純粋なものだ――。そう言われる人が多いでしょう。たしかに個々の人は純粋な愛情にもとづいて行動しておられるかもしれません。しかし、社会全体として見るとき、ペット化現象になってしまうのです。そうでなければ、一・三三人といった数字にならないはずです。

親がわが子に老後の面倒を見てもらいたいという気でいれば、どんな子どもでも大事にします。その子が頼りなんです。ところが、子どもがペット＝愛玩物であるならば、かわいい子・優秀な子・高い商品価値を持っている子のほうがいいのです。そして、わが子に学校教育によって箔をつけようとします。ペットなればこその現象です。ペットであれば、商品価値が高いほうがいいのです。

そして、ペットであれば、おとなしいほうがいいでしょう。むやみに吠える犬は困りもので、最近は愛犬が吠えないように声帯を手術して飼う人がいるそうです。座敷で飼うことのできるチワワなんてものは、徹底的に品種改良された犬です。それと同じように、赤ん坊がぎゃあぎゃあ泣くのは困りもので、赤ん坊が泣けばこれを折檻《せっかん》し、暴力を加えます。いわゆる幼児虐待事件が後を断ちませんが、それもこれもペット化現象として見れば、納得できるでしょう。

▼愛は美しい——という幻想

わたしたちは、愛を美しいものだと考えています。

だが、それは、現代にあっては幻想でしょう。幻想だと思ったほうがよいと思います。

実際には、愛は人を傷つけます。

二人の女性がいて、二人がともに一人の男性を好きになったとき、必ずどちらかが愛の故に傷つくのです。二人の男性の場合も同じでしょう。いや、ときには、二人ともに傷つくことがあります。夏目漱石（一八六七—一九一六）の『こころ』は、二人の男性ともに愛の故に傷ついた話です。主人公の「先生」は親友Kを裏切って恋人を得ました。そしてKは自殺します。だが、その罪悪感のため、「先生」も自殺せざるを得なかったのです。漱石は愛の悲劇を描いたのです。

菟原処女も、真間手児名も、愛されたが故に死なねばならなかった悲劇です。

もともと、愛は残酷です。人を傷つける要素を持っています。

でも、古代の愛は美しかった。古代には美しい愛が存在していたのです。

だが、現代において、愛は変質してしまいました。現代の日本においては、愛はむしろ醜いと言うべきかもしれません。

なぜなら、現代日本においては、人間が商品化されてしまったからです。

そこでは愛は、必然的に商品に対する愛になってしまうのです。

商品であれば、わたしたちは選択をします。いいものと悪いもの、美しいものと醜いもの、高価なものと低価なものに分けて、いいものを選びます。

選んだ上で、いいものを愛します。

それは、選ばれなかった悪いものを憎むことです。

そのような愛は、美しい愛ではありません。

美しいものを愛する愛は、むしろ醜いのではないでしょうか。
醜いものを愛する愛が美しいのです。
そんな逆説が言えると思います。
ともあれ、人間が商品化されてしまった現代日本では、美しい愛なんて存在しません。
愛は醜いものです。そう思ったほうがいいと思います。
だから、仏教では、
——愛するな！——
と教えています。わたしたちは次章で、その仏教の教えを学ぶことにしましょう。

第二章　愛してはならないという仏教の教え

▼〝愛する〟という日本語の本来の意味は……？

「仏教では、〝愛するな！〟〝愛してはいけない〟と教えています」

キリスト教関係の学者や聖職者と対談するとき、わたしはそう言います。別段、相手を驚かすために言っているのではありません。それが正真正銘の釈迦の教えだからそう言うのですが、わたしがそう発言をすれば、たいていの人は驚かれます。

驚かれるのは、無理もない面もあります。なぜなら、キリスト教では、

「あなたの隣人を愛しなさい」

と教えているからです。いや、じつをいえば、イエスは、

「あなたの敵をも愛しなさい」

と教えています。キリスト教がなぜそのように教えているかについて、わたしたちは次章で考察しましょう。ともあれ、「愛せよ！」のキリスト教に対して、仏教は「愛するな！」と反対を言っているのですから、キリスト教の人がびっくりされるのも一理あります。

けれども、外国人神父さんが驚かれるのはわかるとしても、日本人の神父さんがただ驚き

っぱなしでは困ります。日本人であれば、

――〝愛する〟――

という言葉が、それほどいい意味ではないことに、少しぐらいは気がついているべきです。わたしはそう思います。

言葉は変化します。たとえば〝貴様〟といった言葉は、昔は目上の人に対して用いる尊敬の言葉でした。しかし近世後期になると、この言葉は同等以下の者に対して用いる語になってしまいました。いま、会社の社長に向かって、「貴様」なんて言えば、首にならないともかぎりません。

〝愛〟といった言葉も同じです。この〝愛〟について、『岩波・古語辞典』は、次のようにコメントしています。

《儒教的には親子の情などのように相手をいたわり、生かそうとする心持をいい、仏教的には自分を中心にして相手への自分の執着を貫こうとする心持をいう。仏教では「愛」を必ずしもよいこととは見ていない。また、概して優位にあるものが弱少のものをいとおしみ、もてあそぶ意の使い方が多かったので、キリスト教が伝来したとき、キリシタンはキリストの愛を「愛」と訳さず、多く「ご大切」といった》

日本語というものは、本来は上下関係を意識して使われる言葉なんです。たとえば、〝遣《や》る〃といった言葉も、優位にある者が下位にある者に、あるいは同等の位置にある者同士のあいだで〃物を遣る〃といった表現はできますが、下位の者が上位の者に〃遣る〃と言うことはできません。そんなことを言えば、その人の常識が疑われます。そういう場合は、〃差し上げる〃あるいは〃貰っていただく〃と言わねばならないのです。もっとも、近年は日本語もだいぶ乱れてしまいましたが……。

〃愛〃という言葉も、もともと目上の者が目下の者に対して言う言葉だったのです。殿さまが家来に「愛《う》い奴じゃ」と言うことはできますが、家来が殿さまに「愛い人です」と言うことはできません。だから、キリスト教で、

「隣人を愛しなさい」

と教えているのも、それを本来の日本語で捉えるならば、

「あなたの隣に住んでいる弱い落ちぶれた人間に、ちょっと目をかけてやりなさい」

と言っていることになります。それだとイエスが言ったことと違ってきます。それで十六世紀のキリシタンは、〃愛〃といった言葉を避けて〃ご大切〃と訳したわけです。

昔の人のほうが、言葉に敏感でありました。

▼弟妹殺しを黙認するアメリカ産のワシ

さて、仏教では「愛するな！」と教えていますが、そのことに関する釈迦の言葉を見てみましょう。

『ダンマパダ』――これは、日本では『法句経』と呼ばれているパーリ語の原始仏教経典です――には、次のような釈迦の言葉があります。仏教の「愛」に対する考え方が端的に示されています。

《快楽より憂い生じ、快楽より怖れ生ず。快楽をはなるれば、憂いなし。なんぞ怖れあらん》（二一二）

《愛情より憂い生じ、愛情より怖れ生ず。愛情をはなるれば、憂いなし。なんぞ怖れあらん》（二一三）

《歓喜より憂い生じ、歓喜より怖れ生ず。歓喜をはなるれば、憂いなし。なんぞ怖れあらん》（二一四）

《欲情より憂い生じ、欲情より怖れ生ず。欲情をはなるれば、憂いなし。なんぞ怖れあらん》（二一五）

《欲望より憂い生じ、欲望より怖れ生ず。欲望をはなるれば、憂いなし。なんぞ怖れあらん》

（二一六）

ここでは、人間の「愛」が五つの言葉でもって表現されています。いま、渡辺照宏訳でもって引用しましたが、パーリ語の原語では、その五つが、

――〝ピヤ〟〝ペーマ〟〝ラティ〟〝カーマ〟〝タンハー〟――

です。いかなる愛（ピヤ・ペーマ・ラティ・カーマ・タンハー）であっても、それが憂いと怖れを生む。愛を離れたとき、憂いと怖れがなくなる。だから、愛を離れよ！　つまり、愛するな！　と、釈迦は教えているのです。

一つ一つ検討してみましょう。

最初の「ピヤ」とは、自分自身に対する愛です。自己愛です。

じつは、この自己のうちには、自分の血族や親族が含まれています。仏教はそう見るのです。それはおわかりでしょう。親は、とくに母親は、自分とわが子とを一体化しています。もともと母親の胎内にあって一体化していたものが、出産によって分離したのですから、わが子と自分を同じものと見るのは当然です。父親の場合はその感情は少ないでしょうが、それでも父親と子どもとはどこかで繋がっています。

したがって、パーリ語の〝ピヤ〟は、自分自身に対する愛ですが、そこに自己の血族や親

族が含まれています。だから、これは、血縁的な愛情です。

渡辺照宏はこの〝ピヤ〟を〝快楽〟と訳していますが、ちょっと誤訳に近いでしょう。わたしはこれを〝情愛〟と訳します。

わたしたちはこの「情愛（ピヤ）」を美しいものに思っていますが、本当にそうでしょうか……？

たとえば、動物は人間と違って、同種のあいだでは殺し合いをしません。同種のあいだで殺し合いをするのは、人間だけです。

いや、じつは、かつてはそのように言われていました。けれども最近は、動物の世界においても、同種のあいだで殺し合いをする例が多数報告されています。

その一例はハヌマンラングールです。インド亜大陸全域とスリランカに分布するオナガザルの一種で、成獣の体毛は灰色なのでハイイロヤセザルとも呼ばれています。

このハヌマンラングールは群れをつくっています。その群れには、複数のオスが複数のメスを従えている場合もありますが、ときに一頭のオスが複数のメスを従えている場合もあります。いわゆるハレムを形成しているのです。

ところで、ハレムを形成している群れにおいては、四、五年に一回、他のオスによってこのハレムが乗っ取られます。ハレムを持っているオスの力が衰えてくるのを、ハレムの外で他のオスが虎視眈々《たんたん》と狙っているのです。そしてチャンスが到来すれば、ボスを追い出して、自分がちゃっかりそのボスの座におさまるわけです。

そしてそのとき、乗っ取りに成功したオスは、群れの赤ん坊を全部嚙み殺してしまいます。なぜ、そんなことをするのでしょうか？　じつは、育児中のメスは発情しないのです。そうすると、乗っ取りに成功したオスは、メスが育児中だと自分の子を産ませるわけにはいきませんから、赤ん坊を殺し、育児を中断させることによってメスを発情させるのです。そのための子殺しです。

生物学の勉強になってしまいましたが、アメリカ産のワシについて、こんな例も報告されています。

このワシは、卵を二個産みます。そして、最初の卵と二個目の卵のあいだには、一週間のあいだが置かれています。したがって、卵が孵化《ふか》するのも、一週間の差が出来ます。で、先に孵化したほう（兄あるいは姉）が、後のもの（弟あるいは妹）よりも早く大きくなります。

そうすると、兄あるいは姉が弟あるいは妹を殺してしまうのです。親はそれを黙って見ています。

なぜか？　このワシは餌を手に入れるのが下手で、二羽の雛《ひな》を育てることができないからです。だから、弟妹を殺させるわけです。

それじゃあ、最初から卵を一個にしておけばいいじゃないか?! 読者はそう言われるかもしれませんが、それだと危険が大きいのです。たとえば、最初の一個が無精卵である可能性もあります。あるいは最初の雛が蛇に食われることもあります。だから、二個産んでおいたほうが安全です。

また、こういう話を耳にした読者も多いでしょう。猫が出産しているところを人間が覗くと、親猫が仔猫を食ってしまう、と。それはなぜかといえば、他の動物(人間もそれに含まれます)がうろつくような場所での育児は危険が大きいからです。そんな危険な場所で子育てをするより、もっと安全な場所で子どもを産み、育てたほうがよいのです。

でも、猫に関してはそういう話を聞きますが、犬の場合はあまり聞きません。じつは、犬は完全に家畜になっているので、あまり人間を恐れません。ところが猫は、どこかまだ野性が残っています。それで、人間を恐れるのです。

ともかく、情愛(ピヤ)は、自分を中心にした愛です。親の子に対する愛も情愛ですが、これはそんなに美しいものではありません。動物の場合、発育の遅れた子には餌を与えず、これを見殺しにすることがあります。その子に餌をやれば、他の子の栄養が悪くなります。一匹を犠牲にしたほうがいいのです。人間の場合も、親はよく出来た子をかわいがり、他の子を放置することがあります。最近はそういう親が多くなりましたが、ある意味では、それが情愛の本質です。釈迦はそのように情愛を捉えたのだと思います。

▼ケーキを「半分こ」して食べられるだろうか……?

次は〝ペーマ〟です。ピヤ(情愛)が血のつながりのある者に向けられた愛であるのに対して、ペーマはもう少し対象が拡がります。血のつながらない人に向けられた愛です。渡辺照宏はこれを〝愛情〟と訳していますが、わたしは〝友愛〟と訳すことにします。

この友愛も、どこか冷たいところがあります。

ボランティア活動に関しては、欧米人と日本人のあいだでは、考え方に大きな違いがあるようです。

難民センターで働く欧米人のボランティアは、そこに収容されている難民を三つのグループに分類するそうです。

Aのグループは……その難民に食糧や医薬品を与えても、回復の見込みのない人間、

Bのグループは……食糧や医薬品を貰うことによって助かる人々、

Cのグループは……食糧や医薬品を与えないでも、自分の力で生きてゆける人間、

です。そして、Cのグループに査定された人々を、すぐさま難民センターから追い出しま

す。その上で、Aのグループは見殺しにし、Bグループに属する人間に援助の手を差し伸べます。

どこの難民センターでも、医薬品や食糧がふんだんにあるわけではありません。限りのある医薬品や食糧をAグループの人に与えると、Bグループの助かるべき人間が助からずに死んでしまいます。だから、Aグループは見殺しにするのです。

しかし、日本人ボランティアは、理屈でそれがわかっていても、なかなかそこまで非情にはなれません。それで、みすみす死ぬとわかっているAグループの難民に、貴重な医薬品や食糧を与えてしまいます。そうすると、欧米人のボランティアたちは、

「おまえは人を助けに来たのか、殺しに来たのか?!」

と、日本人を糾弾するそうです。そんな話を教わりました。

これは、欧米人と日本人の行動規範が違っていることから生じる誤解です。そして、その行動規範の差は、仏教とユダヤ教といった宗教の差に起因すると思います。

そのことをわかってもらうために、ここでちょっと横道に逸れて、仏教の、

――布施――

について考えてみます。

わたしは、こんな問題をつくりました。

問題――二人の人間がいて、パンが一個しかありません。どうすればよいでしょうか？
答えは三つあります。
A　パンを半分こして食べる。
B　一人が食べて、一人は食べない。
C　二人とも食べない。
このような問いを出せば、まずたいていの人がAの答えを選びます。一見、これが正解のように思われます。

でも、考えてみてください。そんなことが実際にできるでしょうか。戦場で、死にかけている戦友を無視して、手に入った食べ物を貪《むさぼ》り食った。その行為をいまだに悩んでいる人がいます。その人が、相田みつをの「奪い合えば少ない、分け合えば多い」といった意味の詩を読んで、

「こんなの嘘だ！」

と怒っていました。二人の人間に一個のパンしかないとき、見ず知らずの他人とそのパンを半分こなんてできません。

いや、仲のいい兄弟だって、半分こできるとはかぎりません。

お兄ちゃんが友だちの家から、お土産に小さなケーキを貰って来ました。家には弟がいま

す。

「弟に半分、分けてあげなさい」

どこの家でも、お母さんはそう言うでしょう。

だが、そのとき、お兄ちゃんに、

「なぜ、弟に半分あげないといけないの……?」

と問われて、満足に答えられるお母さんはいますか?

「貰えなかった弟がかわいそうでしょう」

仏教の布施の考え方では、そんな答えは零点です。なぜなら、そのときお兄ちゃんには優越感が生じます。

〈俺が半分、おまえに恵んでやるんだぞ。おまえは俺に感謝しろ〉

そんな気持ちで弟に半分あげても、それは布施ではありません。仏教はそんな施しをすすめているのではありません。

また、お兄ちゃんに、

〈本当は、ぼくは全部食べたいんだ。だって、このケーキはぼくのものなのに……。いやだなあ。でも、お母さんが言うから、仕方がないよなあ……〉

といった気持ちがあって、しぶしぶ弟に半分あげるのであれば、わたしは、むしろあげな

いほうがいいと思います。弟に、

「黙ってお兄ちゃんが一人で食べるのを見ていなさい」

と命じたほうがいいでしょう。弟の恨めしそうな顔を見ながら一人で食べても、ケーキはちっともおいしくありません。そうすれば、その次には、きっとお兄ちゃんのほうから、

「一緒に半分こして食べようよ」

と言うでしょう。それを待っていたほうがよいと思います。

でも、一人で食べて、それでもそのほうがおいしいと思うお兄ちゃんだったら、どうすればいいのですか？　そんな質問が出てくるかもしれません。そんな子どもはいないと思いますが、万が一、そんなお兄ちゃんがいれば、もうあきらめたほうがいいと思います。その子には、どんな教育をしても無駄です。一生、その性格は直りません。わたしはそう思います。

だが、ひょっとすれば、現代日本にはそんな子どもが増えているのかもしれません。競争、競争に明け暮れる日本人です。教育が競争原理にもとづいておこなわれています。だから、そうしたエゴイストが大勢育っているかもしれません。

ちょっと背筋が寒くなります。

▼ユダヤ教では、一人が食べて、一人が食べない

「ひろさん、ユダヤ教ではBを教えていますよ」

あるシンポジウムの席上で、手島佑郎《ゆうろう》氏がそう発言されました。手島氏はユダヤ教の神学の専門家です。わたしが、二人に一個しかパンがないとき、どうすればよいか？　と、問題提起をしたのに対して、ユダヤ教ではBの「一人が食べて、一人が食べない」という答えになると教示されたのです。

「ひろさん、半分こすれば、二人とも死んじゃいますよ。それよりは、一人が助かって、一人が死んだほうがいいのです」

手島氏がそう言われるのを聞いて、正直言ってわたしは一瞬、絶句してしまいました。

手島氏によると、ユダヤ教の聖典の『タルムード』には、砂漠で二人の人間がいて、一人は水筒に水を持って来たが、もう一人は持って来なかった。その場合、水を持って来た人間だけが水を飲み、水を持って来なかった人間に半分を分け与えるようなことはしてはいけない――と指示されているそうです。二人で水を分け合うと、砂漠では、二人とも死んでしまう危険性が高いからです。

〈でも、それにしても、いささか残酷ではないか……〉

わたしがそう思ったのは、わたしが日本人であって、ユダヤ教的論理が理解できなかったからでしょう。また、

〈それだと水の奪い合いになり、結局は弱肉強食で、力の強い奴が得をすることにならないか……〉

と思ったのも、ユダヤ教の考え方がよくわかっていなかったからです。

ユダヤ教は厳格な一神教であって、そこでは神がオールマイティーです。絶対的な存在です。

まちがってはならないのは、水を用意して来なかった者が水を飲んではいけない、という点です。水を持って来なかった者が力でもって水を奪うなら、その人は掠奪をやったことになり、きっと神に罰せられるでしょう。だから、弱肉強食にはならないのです。

そして、水を持って来た人間は、自分の機転でもって水を持って来たのではなく、ユダヤ教においては、その水は神がその人に持たせてくださったのです。逆に水を忘れて来た人は、神がその人に教えてくださらなかったのです。つまり、水を与えられるのも神であれば、水を与えられないのも神です。それが一神教の論理です。

だから、水を用意して来た人は、神に感謝しつつその水を飲めばよい。もう一人の人間に

分けてやる必要も義務もありません。

そう考えると、難民キャンプにおける欧米人ボランティアのやり方が納得できます。その人間が死ぬか生きるかは、すべて神が決められることです。神が見放して、死ぬにきまっている人間に、なけなしの食糧や医薬品を与えることは、一方で神が助けようとしておられる人間(その食糧や医薬品を与えると助かる人間)を殺してしまうことになります。だから、死ぬにきまっている人間は見殺しにすべきです。それが一神教の論理でしょう。

手島氏から教わったことをヒントに考えてみて、わたしはそういう結論を得ました。たぶんこれで正しいと思います。

▼法律は強い者勝ちを認めている

さて、仏教の考え方はどうでしょうか……?

仏教では、Cの「二人とも食べない」になると思いますが、なぜそうなるかを考えてみましょう。

ところで、古代ギリシアの哲学者カルネアデス(前二一四か二一三―前一二九か一二八)が提起した問題に、

――カルネアデスの舟板――

と呼ばれるものがあります。洋上で船が難破し、一人の男が小さな舟板につかまって救助を待っていました。そこにもう一人の男がやって来ます。だが、その舟板はあまりにも小さくて、二人がつかまることはできません。それ故、後から来た男が助かるためには、最初につかまっている男から舟板を奪う必要があります。奪われると、その男は死にます。また、最初につかまっている男が助かるためには、後から泳いで来た者から舟板を守る必要があります。そうすれば、後から来た者は死にます。つまり、どちらか一人が死ぬのです。端的に言えば、どちらかがもう一人を殺す（見殺しにするのを含めて）必要があります。

では、どちらがどちらを殺していいのでしょうか……？

これがカルネアデスの提起した問題です。

哲学的には、この問題は未解決です。誰もが納得できるような解答は、いまのところ出ていません。

けれども、法律的には、いちおうの答えが出ています。法律的には、このような状況においては、

――緊急避難――

が成立するとされています。

緊急避難というのは、法律上、急迫の危難を避けるためにやむを得ずおこなう行為をいい、「刑法」第三七条にその規定があります。

《自己又は他人の生命、身体、自由又は財産に対する現在の危難を避けるため、やむを得ずにした行為は、これによって生じた害が避けようとした害の程度を超えなかった場合に限り、罰しない。ただし、その程度を超えた行為は、情状により、その刑を減軽し、又は免除することができる》

法律の文章はわかりにくいのですが、カルネアデスの舟板の場合、自分の生命が危難に曝されており、これを守るためにやむを得ず他人の生命を奪う（見殺しにする）わけですから、この場合は罰せられないのです。

もちろん、これが違法な行為であることはまちがいありません。しかし、違法ではあっても、この場合は罪に問われることがないのです。

ところで、だとすればカルネアデスの舟板の場合、どちらがどちらを殺しても、法律的には罪に問われない。その意味では、法律は弱肉強食の論理、強い者勝ちを認めていることになります。怖ろしいことだと思われませんか。

▼仏教の布施の考え方は、二人がともに死ぬ

仏教の考えは、そんな法律論とは違っています。

一人が舟板につかまって救助を待っています。

そこにもう一人が泳いで来ました。

舟板につかまっている男が言います。

「残念ながらこの舟板は小さいので、二人が一緒につかまることはできません。どちらか一人しか助からないのです。でも、いいですよ、どうかあなたが助かってください。わたしは死にます」

そして、その舟板を相手に譲ります。それが、仏教でいう布施です。

まちがえないでください。仏教でいう布施は、自分に不要なものを施すことではありません。自分にとって必要なもの、それがなくては困るものを施すのが布施です。

あるとき、講演が終わったあとの質問の時間に、老婦人が、

「先生、けんたいは布施になりますか？」

と質問しました。わたしは最初、〝けんたい〟が〝献体〟であることがわからなかったの

ですが、それがわかって、

「いえ、献体は布施でありません」

と答えたもので、その方はちょっとびっくりしておられました。人間、死んでしまえばこんな体は要りません。その不必要になったものを施しても、それは布施にはならないのです。しかし、その人も誤解されたのですが、わたしは献体がよくない行為だと言っているのではありません。それは、まちがいなくすばらしい行為です。ですが、それを布施と認めることはできない――と言っているのです。

同様に、臓器移植のために臓器を提供することも、すばらしい行為、親切だとは思いますが、布施ではありません。仏教学者のうちには、臓器移植を布施の理論でもって説明される人がおいでになりますが、それはまちがっています。不必要になったものを施しても、布施にはなりません。布施であれば、生きているうちに施すべきです。

カルネアデスの舟板において、その舟板を施すのは、まちがいなく布施の行為です。

でも、しかしながら、施された者、あとから泳いで来た者が、

「いやあ、ありがとう。これで助かったよ」

と、その舟板を受け取ったら、それは布施でなくなってしまいます。受け取ったほうも布施の気持ちを持つべきです。

「ありがとうございます。ご厚意には感謝しますが、しかし、あなたが助かってください。わたしが死にます」

と、その人が言ったとき、そこに真の布施が成立するのです。

そして、二人ともに死にます。二人がともに舟板を放棄して、二人が海の底に消えます。あとに、舟板が一枚、ぽつんと浮いています。

それが布施です。

したがって、仏教においては、Cの「二人とも食べない」になります。

もっとも、パンの場合は、二人がともに放棄したパンをゴミ箱に捨てる必要はありません。パンは半分こできますから、半分こして食べればよいのです。その意味では、結果的にはAの「半分こする」になりますが、それはあくまでも結果であって、いったんは二人ともに食べることをやめねばなりません。そうでないと、布施にならないのです。

お兄ちゃんがお土産に小さなケーキを貰って帰って来た話をしました。昔の人は、外で何を貰って来ても、それを仏壇に供えました。お兄ちゃんも、そのケーキを仏壇に供えるのです。

これは権利放棄です。仏壇に供えることによって、ケーキはお兄ちゃんのものでなくなります。ほとけさまのものになります。

そして、その上で、ほとけさまからいただくのです。ほとけさまは、兄弟が二人いるのだから、きっと仲良く半分ずつくださるでしょう。

それが昔流のやり方です。昔の人は、布施のこころを知っていたのです。

▼海の水でも飲みつづけざるを得ない衝動的な欲望

さて、話を元の軌道に戻しましょう。

『ダンマパダ』という経典では、「愛」が五つの言葉でもって表現されていました。わたしたちは、そのうちの、

〝情愛（ピヤ）〟

〝友愛（ペーマ）〟

について検討しました。この友愛を考察しているうちに、仏教の布施の思想に話が移行したわけです。

次は〝ラティ〟です。渡辺照宏はこれを〝歓喜〟と訳していますが、あまりいい訳語ではありません。

このラティは、特定の人に対する愛です。その特定の人は別段異性でなくてもいいのです

が、典型的なのは異性に対するものですから、わたしはこれを〝恋愛〟と訳します。

その次は〝カーマ〟です。渡辺照宏訳では〝欲情〟になっています。

このカーマは肉体的な愛です。わたしは〝性愛〟と訳します。

では、〝ラティ（恋愛）〟と〝カーマ（性愛）〟がどう違うか……ということですが、前者のほうが精神的な意味合いが強いのです。いわゆるプラトニック・ラヴだと思えばいいでしょう。後者のカーマ（性愛）は、セックスの要素の強い愛情です。仏典では、〝カーマ〟はしばしば〝婬《いん》〟の字でもって訳されています。

最後に〝タンハー〟です。渡辺照宏はこれを〝欲望〟と訳していますが、伝統的には〝渇《かつ》愛《あい》〟と訳されてきました。ここでも〝渇愛〟にしておきます。

〝タンハー〟はパーリ語で、サンスクリット語だと〝トリシュナー〟です。渇愛（タンハー、トリシュナー）は人間が持っている根源的な欲望です。

原語の意味は「渇き」です。

船が難破して、救命ボートに乗って海を漂流していると想像してください。上からは太陽がギラギラと照りつけ、喉がカラカラに渇いています。だが、飲料水がありません。

そこで、たまりかねて海水を一口飲みます。

その海水は渇きを癒《いや》してくれるでしょうか。たぶん、海水を飲めば飲むほど、ますます渇きがひどくなるでしょう。

そのような渇きを〝渇愛〟と呼んでいるのです。喉の渇いた人が水を欲しがるような、人間に根源的にある欲望、盲目的な欲望、衝動的な欲望です。そして、満たされることのない欲望です。

渇愛とは、そのような欲望です。

▼愛は自己愛にはじまり、対象に執着する心

以上で、仏教が「愛」と見ている五つのものを解説しました。ちょっといろいろなことを論じたので、もう一度、整理し、要約しておきます。

1　情愛（ピヤ）

これは、基本的には自己愛です。

誰だって自分がかわいいのです。だから自分を愛します。愛はこの自己愛（情愛）から出発します。

そして、自己の延長線上にある者に愛が向けられます。自分の子ども、自分の親、自分の

配偶者といったふうに、自己愛が同心円的に拡大してゆきます。したがって、情愛のうちには、肉親・親族に対する愛が含まれています。ただし、その肉親・親族は、自分の味方でなければなりません。自分に反抗する者には、たとえそれがわが子であっても、この情愛は及びません。

2　友愛（ペーマ）

自己を中心に血縁者・親族にまで拡大された情愛が、次に仲間にまで拡大されます。それが友愛です。

しかし、ここでも、その友愛が注がれるのは、あくまでも自分のお眼鏡にかなうことが条件です。利害の反する競争相手にこの友愛が発揮されることは滅多にありませんし、たとえば外国人よりも日本人に対して友愛が発揮されるでしょう。

つまり、情愛にしろ友愛にしろ、出発点においては自己愛であって、その自己が少しずつ拡大されていくわけです。

3　恋愛（ラティ）

これは、日本語では〝愛する〟というより〝惚れる〟といったほうがよいものです。特定の他人に抱く感情です。したがって、異性に対して抱くことが多いのですが、同性であってもかまいません。

「男ごころに　男がほれて

意気がとけ合う　赤城山」

と、東海林太郎が歌っていましたよね（「名月赤城山」矢島寵児作詞、菊地博作曲）。

この恋愛は、それ故、短時間のものです。それが一生続くなんてことは、まずはありません。冷めやすいものです。

また、この恋愛においては、

「惚れた目には痘痕《あばた》も靨《えくぼ》」

といったことわざがあるように、あまり相手の欠点が目に入りません。その意味で、「恋愛は盲目」です。

でも、相手の欠点が目に入らないのはいいことですが、この恋愛が冷めると、逆に「靨も痘痕」になってしまいますから、要注意です。

4　性愛（カーマ）

恋愛においては精神的な側面が強いのですが、性愛になると肉体的な面が強くなります。

だから、性愛は基本的には異性に対して発揮されるのですが、ときに同性に対しても発揮されることもあります。それが同性愛です。

この性愛の原語はパーリ語の〝カーマ〟ですが（サンスクリット語でも同じ）、わたしは、ひょっとしたら日本語の〝おかま〟は、この〝カーマ〟が語源ではないかと思っています。昔の僧侶のあいだでは男色が多かったのですから、お坊さんのつくった隠語である可能性があります。

5　渇愛（タンハー）

これは、すべての人間が持っている根源的な欲望です。

だとすれば、この渇愛を他の四つのもの（情愛・友愛・恋愛・性愛）と並列的に並べるのはおかしいでしょう。その四つのものの基底には、この渇愛があると見たほうがいいのです。

つまり、釈迦が考えたのは、

愛というものは、まず自己愛から出発します。

そして、愛というものの根底に渇愛があります。

ということでした。要するに、愛とは本質的にエゴイズムであり、愛する対象に対する執着心（渇愛）でしかないのです。

それが故に、釈迦は「愛するな！」と教えました。

▼現代日本人は「多財餓鬼」になってしまった

そこで、もう少し渇愛について考えてみます。

仏教では、餓鬼《がき》という存在を言っています。

『広辞苑（第四版）』には、

《餓鬼――〔仏〕悪業の報いとして餓鬼道に落ちた亡者。やせ細って、のどが細く針の孔のようで飲食することができないなど、常に飢渇に苦しむという》

と解説されています。けれども、この解説はいささか正鵠を射ていません。

ヴァスバンドゥ（世親《せしん》。四、五世紀の人）がつくった『倶舎論《くしゃろん》』には、

《餓鬼に三種あり》

と書かれています。三種の餓鬼とは、

1　無財餓鬼。
2　少財餓鬼。
3　多財餓鬼。

です。わたしたちにおなじみの餓鬼は、最初の二つです。

無財餓鬼は何一つ財産を持っていない餓鬼で、したがって真っ裸で生活しています。また、何も食べることはできません。

それに対して少財餓鬼のほうは、ぼろきれ一枚程度の財産（それを〝財産〟と呼べるかどうかはわかりませんが……）を所有しています。そして、ほんの少々は飲食できます。といっても、墓場のボウフラのわいた腐った水とか、人間の排泄物といったような物しか食べられませんが……。

この無財餓鬼と少財餓鬼は地下の世界に居住していて、一万五千年の寿命だそうです。

ところが、もう一種の餓鬼である多財餓鬼のほうは、人間世界に、人間の姿をして住んでいます。

この多財餓鬼はリッチな餓鬼です。裕福な生活をしています。山海の珍味を鱈腹《たらふく》食べ、肥満体の餓鬼で、すばらしい宮殿のような豪邸に住んでいます。

〈えっ?!　どうしてそれが餓鬼なの……?〉

最初、わたしには、その意味がわかりませんでした。

だが、あるとき、そもそも餓鬼とは何か？　餓鬼をどう定義すればよいか……と考えていて、ふと、

——餓鬼とは、自分の所有するもので満足できない存在である——

といった定義を思い付きました。そうすると、多財餓鬼の存在が納得できたのです。何も持っていないから満足できない……というのではありません。あるいは、所有する物が少ないから満足できないのではありません。

釈迦の時代、インドで仏教僧に所有を許されたのは「三衣《さんね》一鉢《いっぱつ》」といって、大衣《だいえ》と中衣《ちゅうえ》と下衣《げえ》の三枚の着る物と、托鉢用の鉢だけでした。また、同じころ、インドにジャイナ教という宗教が興起しましたが、このジャイナ教の僧はまったく無所有でした。衣を着ることも許されず真っ裸で修行し、托鉢用の鉢も持たずに手で食事の供養を受けました。ということは、仏教僧は少財で、ジャイナ教のお坊さんは無財だったのです。

だが、彼らは餓鬼ではありません。

彼らは無財・少財であることに満足していました。だから、彼らは「僧」なのです。でも、無財であることに満足できず、少財であることに満足できなければ、そのときその人は餓鬼になります。

そして、いくら財産を持っていても、現在の日本人のように贅沢きわまる生活をしていても、それで満足できないのであれば餓鬼です。

われわれ日本人は、確実に餓鬼になっています。多財餓鬼です。ちょっと景気が悪くなると、「景気回復！　景気回復！」の大合唱です。わたしたちは外国人から「エコノミック・アニマル」と軽蔑的に呼ばれていますが、そんな蔑称を意に介せず、むしろ経済的動物であることに――それが故に経済大国になることができたのだとして――誇らし気でいるようです。

わたしは以前、〝エコノミック・アニマル〟は〝金の亡者〟と訳すべきかと思っていました。少なくとも〝経済的動物〟といった訳語は違います。しかし、なにも訳語に迷う必要はありません。仏典はちゃんと〝エコノミック・アニマル〟の訳語を用意してくれています。〝多財餓鬼〟がそれなんです。

▼渇愛によって人は傷つく。だから、愛するな！

わたしがなぜ、唐突にも餓鬼の話をしたかといえば、

――餓鬼の欲望――

といったものを考えてみたかったからです。

餓鬼は、自分の所有するもので満足できない存在です。とくに多財餓鬼はあり余るほど持っているのに、それでも満足できず、

――もっと・もっと（これを〝もっと[2]〟と表記するそうです）――と欲望を募らせています。そのような餓鬼の欲望が「渇愛」ではないでしょうか。

そして、この渇愛がすべての愛の根底にあるから危険なのです。

まず自分自身に関しても、そしてわが子、わが親、配偶者に関しても、過度な期待を持ちます。その期待は、絶対的に充たされることはありません。なぜなら、「もっと・もっと」と、いくら与えられても満足できないのが渇愛だからです。

前章で、上智大学の学生が父親から、

「お父さんは、おまえに東大に入ってほしかった」

と言われつづけたため自殺した話をしましたが、それが渇愛です。

かりに子どもが、数学の試験で九十四点をとったとします。このとき、あと六点とっていれば百点だったのに……と考えるのは、餓鬼の欲望――渇愛――です。じつは、その子自身がそう悔やんでいるのです。そこに親が、「残念だったね、ほんの少し気をつければ百点だったのに……」と言えば、子どもはどんな気持ちがするでしょうか。傷つくにきまっています。親が子どもを愛しているといいますが、その愛は本質的には渇愛です。だから子どもを傷つけてしまうのです。

夫は妻がいつまでも美しくあってほしいと願います。それが渇愛です。妻自身がいつまで

ます。それ故、渇愛の故に、夫婦はともに傷つくのです。

妻は夫にいつまでも健康でいてほしいと願うでしょう。それが渇愛。夫自身が、いつまでも健康で働きたいと願っています。それが渇愛。その渇愛の故に、夫婦が傷つきます。

では、どうすればいいのでしょうか……？

『ダンマパダ』の言葉を思い出してください。

《渇愛より憂い生じ、渇愛より怖れ生ず。渇愛をはなるれば、憂いなし。なんぞ怖れあらん》

仏教は、だから「渇愛を離れよ！」と教えています。

「愛するな！」というのです。

けれども、それだと矛盾になりませんか……？　渇愛が人間の根源的な欲望であるならば、その渇愛をなくすことがどうして可能ですか？

じつは、出家した僧尼にはそれが可能です。

愛は縁によって成立するものです。血縁や地縁によって、人間関係が成立し、そこに愛と憎しみが生まれます。

だが、出家という行為によって人間関係の柵《しがらみ》を断ち切った者には、愛憎が生じないのです。

『ダンマパダ』はそのことを言っています。

▼愛を離れると怖れがないと言いますが……

でも、それでは、われわれ在家の人間はどうすればいいのですか？　それに、日本の僧侶は出家者ではありません。出家者というのは、文字通りにホームレスです。日本のお坊さんは、結婚をして家に住んでいます。れっきとした在家者です。

じつをいえば、『ダンマパダ』という経典は、小乗仏教のお経です。

小乗仏教というのは、出家した者だけに真の救いが得られる――と説く、独善的な仏教です。在家信者には真の救いが得られないのです。では、在家信者はどうすればいいか……といえば、それは出家したお坊さんに布施をし、その布施の功徳でもって、来世にもう一度人間に生まれ、そして出家をします。そうすると、真の救いが得られるのです。

でも、なぜ釈迦は、そのような小乗仏教を説かれたのでしょうか？　小乗仏教は、釈迦が入滅された直後に出来た仏教です。その意味では、釈迦に直接つながる仏教です。だとすれば、小乗仏教は釈迦の説いた仏教である――ということになります。

釈迦は、本当は大乗仏教を説きたかった。わたしはそう考えます。大乗仏教は、在家信者の救いを説く仏教で、紀元前後のころインドの地に発祥しました。釈迦が入滅されてから約五百年たって、芽生えてきた仏教です。

しかし、その種は釈迦が播いておかれました。

釈迦は、本当は在家信者、つまり一般庶民の救いを教えたかったのです。いや、実際に、釈迦は在家の人びとにわかりやすく教えを説いておられました。

でも、在家信者だけでは、釈迦が亡くなってしまえば、その教えは衰滅します。在家信者には教えを継承する力がないからです。それで釈迦は、ご自身が亡くなったあとでもその教えを維持継承していく人間、すなわち教団の専従職員といったような人の養育をもくろまれました。

それが出家者です。

ところが、その出家者たちが、釈迦の入滅後、釈迦の教えは出家者のためだけに説かれたのだ――と錯覚してしまったのです。そして、出家者だけのための独善的・閉鎖的な小乗仏教をつくりました。

だから、小乗仏教は、釈迦の教えを相当に歪《ゆが》めて伝えています。

わたしたちのテーマである「愛」に関しても、小乗仏教ではきわめて簡潔に、

――愛するな！――

と教えています。たしかに、それは根本的な解決法です。愛を離れたならば、わたしたちは苦しみ、悩まずにすみます。

でも、それが、わたしたち在家の人間にできますか?!

そんなこと、できっこありませんよね。

では、どうすればいいのですか……?

それについては、詳しいことは別の章で考えることにします。

ここでは簡単に、愛は自己愛にはじまり、その根底に渇愛がある。それ故に、愛によってわたしたち人間は傷つき、悩み、苦しむことになる。釈迦はそう教えられました。そして、愛によって傷つかないためには、原理的には出家によって愛を離れることですが、それができない在家信者は、渇愛を抑える別の原理を持たねばなりません。その別の原理によって渇愛をコントロールできたとき、わたしたちは愛で傷つき、悩み、苦しむことをほんの少しは軽減できるのです。そのことだけを言っておきます。

その別の原理とは、

——布施——

の思想であり、また、

——少欲知足——

の原理です。これが大乗仏教の基本の教えです。
まあ、ともあれ、ここでいったん章を閉じましょう。

第三章　隣人は愛し、敵は憎めという神からの命令

▼「無抵抗主義」を説くのが宗教ではない

キリスト教の開祖のイエスは、左利きであったのではないかと言われています。その根拠は、『新約聖書』の「マタイによる福音書」(5)にある次の言葉です。

《あなたがたも聞いているとおり、「目には目を、歯には歯を」と命じられている。しかし、わたしは言っておく。悪人に手向かってはならない。だれかがあなたの右の頬を打つなら、左の頬をも向けなさい》

普通、右利きの人間は、誰かを殴るとき、相手の左側を打ちますよね。だから、相手が右利きであれば、最初に左の頬が殴られるはずです。そして、左の頬が殴られれば、殴った者に、「どうぞこちらも殴っていいですよ」と右の頬を差し出すことになります。ところが、イエスは反対を言っています。まず右の頬が殴られて、そして左の頬をも差し出せ——と言うのです。だから、イエスは左利きだった、と言う学者がいます。

でも、最初に殴られる側はどちらだろうか……といちいち考えて、右の頬、左の頬と言うでしょうか。わたし自身、わたしは右利きですが、この原稿を書いているとき、妻が持っている人形を借りてきて、その人形で確めながら書いています。イエスは、〝右〟〝左〟を適当に言った可能性のほうが大きそうです。

それはどうでもいいのですが、いま引用したイエスの言葉は有名です。われわれはキリスト教といえば、この「右の頰を打たれたら、左の頰を向けよ！」をすぐに思い出します。ところで、では、これは無抵抗主義を説いたものでしょうか……？

とんでもない！　イエスの教えは、そんな消極的な無抵抗主義ではありません。彼が説いたのは、積極的な、

――愛の教え――

でした。悪や不正に対する無抵抗ではなく、愛による悪と不正の克服だったのです。わたしはそう思います。

わたしたちは宗教といえば、どうも無抵抗主義を説いているかのように受け取ってしまう傾向があります。どうしてでしょうか。インドの民族運動指導者であったマハトマ・ガンディー（一八六九―一九四八）の「非暴力主義」にしても、日本ではそれを「無抵抗主義」として紹介されることが少なくありません。けれども、ガンディーの「非暴力主義」は、

――〈非・暴力〉主義――

ではなく、

――〈非暴・力〉主義――

であったと、わたしは考えています。〈非・暴力〉というのは、暴力の否定です。しかし、暴力を否定すれば、ややもすると静観主義になってしまいます。なにもかもを暴力と呼んで、「暴力はいけない!」と叫ぶならば、わたしたちは何も行動できなくなります。ガンディーはそんなことを言っていません。彼は〈非暴・力〉で、つまり非暴の力、暴ならざる力でもって積極的に悪と闘うことを主張したのです。

宗教が「無抵抗主義」を説いているというのは、完全な誤解です。もしも「無抵抗主義」を説くような宗教があれば、それはインチキ宗教あるいはインポテ宗教だと思ってください。

▼イエスは『旧約聖書』の新しい解釈を述べた

さて、イエスの言葉です。わたしたちはこれをどう解釈すればよいでしょうか?

じつは、『新約聖書』を読むとき、注意すべきことがあります。それは、『新約聖書』は文字通りに、

――新約――

だということです。すなわち、「新しい契約」なのです。

それが「新しい契約」であれば、当然のことにその前に「旧《ふる》い契約」があります。その「旧い契約」が『旧約聖書』です。

『旧約聖書』といえば、基本的にはユダヤ教の聖典です。

キリスト教はユダヤ教から派生した新興宗教です。キリスト教の開祖はイエスですが、彼はユダヤ教徒でした。イエスはユダヤ教徒として生れ、ユダヤ教徒として活躍し、そしてユダヤ教徒として死んでいきました。イエスに新しい宗教を開く意志があったかどうか、たぶんなかったでしょう。彼はユダヤ教を改革しようとしたのです。

そのイエスの死後、イエスが説いた教えを核にして、イエスの弟子たちを中心とする人びとが創った宗教がキリスト教です。彼らはイエスを、

――神の子――

と信じ、その神の子が説いた「福音《ふくいん》」(喜びの言葉)を新しい契約としたのです。

わたしは先程から「契約、契約」といっていますが、じつはユダヤ教は「契約宗教」です。この契約は、神と人間とのあいだに結ばれました。すなわち、

ユダヤ人は、わたしはあなただけを絶対の神として服従し、あなた以外の神は拝みませんと誓い、

神のほうからは、ユダヤ人がその契約を守っているかぎり、彼らを保護してやると約束す

る、

そのような双務契約になっています。そして、その契約書が『旧約聖書』です。ただし、ユダヤ教はキリスト教の「新約」を認めませんから（ユダヤ教徒にとっては、イエスは神の子どころか犯罪人ですから、彼が説いたものなど考慮に値しないのです）、ユダヤ教徒にとっては「旧約」だけが契約です。したがって、「新約」がないのであるから、それは「旧約」ではありません。ユダヤ教徒は『旧約聖書』とは呼びませんが、ここではいちおうキリスト教徒の呼び方に従って表記します。

さて、イエスの発言は、すべて『旧約聖書』に準拠してなされています。彼は、旧い契約だとこうなっているが、その解釈は違っている。わたしはこう解釈する。このわたしの解釈のほうが正しいのだ。と、そういう形で発言しているのです。

だから、わたしたちは『新約聖書』を読むとき、その背後に『旧約聖書』があることを忘れてはなりません。「旧約」を忘れて「新約」を読むのは、本文を忘れて、巻末につけられた本文の訂正個所だけを読んでいるようなものです。それではイエスの発言が、チンプンカンになってしまいます。

▼「目には目を」に対するイエスの新しい解釈

で、本章の冒頭に引用したイエスの言葉です。

ここでイエスは、《あなたがたも聞いているとおり、「目には目を、歯には歯を」と命じられている》と言っています。この「目には目を、歯には歯を」が、「旧約」です。ユダヤ教の考え方です。

このユダヤ教の原則に対して、イエスは自分の新しい解釈を提起します。それが、《しかし、わたしは言っておく。悪人に手向かってはならない。だれかがあなたの右の頬を打つなら、左の頬をも向けなさい》です。まことに驚くべき考え方です。ユダヤ教（旧約）と百八十度違っています。

もう少し『新約聖書』を読んでみましょう。いま引用した個所のすぐあとの同じ章で、イエスは次のように言っています。ちょっと長くなりますが、引用します。

《あなたがたも聞いているとおり、「隣人を愛し、敵を憎め」と命じられている。しかし、わたしは言っておく。敵を愛し、自分を迫害する者のために祈りなさい。あなたがたの天の父の子となるためである。父は悪人にも善人にも太陽を昇らせ、正しい者にも正しくない者にも雨を降らせてくださるからである。自分を愛してくれる人を愛したところで、あなたがたにどんな報いがあろうか。徴税人でも、同じことをしているではないか。自分の兄弟にだけ挨拶したところで、どんな優れたことをしたことになろうか。異邦人でさえ、同じことをしているではないか。だから、あなたがたの天の父が完全であられるように、あなたがたも完全な者となりなさい》

ここで、「隣人を愛し、敵を憎め」が旧約です。

それに対してイエスは、隣人を愛するのはもちろんですが、敵をも愛しなさいと言っています。これも驚くべき新解釈ですね。なぜ、こんな解釈ができるのでしょうか。

もっとも、われわれ現代日本人は、キリスト教のほうに慣れ親しんでいます。だから、「右の頬を打たれたら、左の頬をも向けよ」「敵を愛せ」といったイエスの言葉をあたりまえに思い、「目には目を、歯には歯を」「隣人を愛し、敵を憎め」といった旧約のほうが奇異に感じられるかもしれません。その意味では、イエスの言葉は驚くべき新解釈ではなしに、イエスが批判した旧約のほうが驚くべき旧解釈となりそうです。

そこでわれわれは、まず旧約のほうを検討しましょう。そうすることによって、イエスの新解釈の真の意味がより鮮明になると思われるからです。

▼「目には目を」は拡大報復を禁止したもの

まず、「目には目を、歯には歯を」です。

この言葉は『旧約聖書』の数か所に出て来ます。代表的なものとして、「レビ記」(24)を引用しておきます。

《人に傷害を加えた者は、それと同一の傷害を受けねばならない。骨折には骨折を、目には目を、歯には歯をもって人に与えたと同じ傷害を受けねばならない》

ところで、この「目には目を、歯には歯を」は、じつは『旧約聖書』のオリジナルな発想ではありません。この考え方は、紀元前十八世紀の中ごろに、バビロン第一王朝のハムラビ王が制定したといわれる「ハムラビ法典」に出てくるものです。ユダヤ人は、『旧約聖書』にその考え方を採り入れたとされています。

この「目には目を、歯には歯を」は、同態復讐法あるいは同害報復法と呼ばれています。一見、これは恐ろしい考え方のように思われます。残酷な掟のように見えます。だが、実際は逆であって、これは拡大報復を禁じたものです。おとなしい考え方なのです。

わたしたちはたいてい、拡大報復を考えてしまいます。たとえば、殴られて歯を一本折ら

れたら、われわれはその相手を、

〈殺してやりたい〉

と思うでしょう。現実に起きる事件でも、電車の中で足を踏まれた者が、その相手を殺した例があります。それが拡大報復です。

ハムラビ法典や『旧約聖書』は、そのような拡大報復を戒めているのです。歯を一本折られた者は、その加害者の歯を一本だけ折る権利が与えられます。足を踏まれたら、相手の足を踏んづけるだけ。それが同害報復です。

では、歯を一本折られた者が腹を立てて、復讐のために加害者の歯を五本折ったらどうなるでしょうか……？　それは拡大報復であって、ハムラビ法典や『旧約聖書』によると、こんどは逆に歯を五本折られた者が、相手の歯を四本折る権利が与えられるのです。被害を同程度にすることが、この同害報復法の趣旨です。

そうすると、殺された場合はどうなりますか？　これも同害報復ですから、殺された者（被害者）は殺した者（加害者）の命を奪う権利、つまり相手を殺す権利が与えられるのです。でも、死者が加害者を殺せないじゃないか……と言わないでください。死者の財産は、どこの国の法律でも遺族が相続します。同様に加害者を殺す権利は、遺族に相続されるのです。加害者は遺族によって殺されるわけです。

この「目には目を、歯には歯を」の原則を忠実に守っているのはイスラム教徒です。イスラム教もユダヤ教と同じく、『旧約聖書』を聖典としている宗教です。そのことについてはすぐあとで解説しますが、イスラム教国においては「目には目を、歯には歯を」の原則が生きています。それ故、イスラム教国において交通事故を起こして人間を轢き殺した場合、被害者の遺族が「どうしても加害者を殺してやる」と言えば、加害者は遺族によって轢き殺される惧れがあります。イスラム教国に赴任する商社の人たちは気をつけたほうがいいですよ。

もっとも、イスラム法は同害報復をすすめているのではありません。被害者には同害報復（イスラム法ではこれを〝キサース〟といいます）をする権利はあるが、なるべくその権利を使うな、権利を放棄せよ、とすすめています。

そして、被害者がキサースの権利を放棄すると、加害者には「血の代償」を支払う義務が生じます。「血の代償」とは、一種の賠償金です。イスラム教国においては、ほとんどの事件がこの「血の代償」によって解決されています。

▼イエスの言葉はあくまでも理想論である

こうしてみると、「目には目を、歯には歯を」の同害報復法は、決して野蛮でも残酷でもありません。むしろ穏当な考え方です。

では、なぜ、われわれ日本人はこれを野蛮と見るのでしょうか?

それは、キリスト教のせいです。わたしたちは、この同害報復法に対するイエスの言葉に影響を受けています。

《しかし、わたしは言っておく。悪人に手向かってはならない。だれかがあなたの右の頰を打つなら、左の頰をも向けなさい》

イエスはそう言っています。つまり彼は、歯を一本折られたら、相手にもう一本折らせてやれ!　と命じているのです。

これはすごい思想です。ここには「報復」といった観念がこれっぽっちもありません。ここにあるのは、

——赦《ゆる》し——

の思想です。愛の理念です。

このような赦しと愛の理念を基準にすれば、「目には目を、歯には歯を」の同害報復法が野蛮に思われるのは、きわめて当然です。歯を一本折られたら、相手の歯を一本折り返す権利が与えられる。それが同害報復法です。そしてこれは、相手の歯を二本折ってやろうと考える拡大報復法にくらべて、はるかに穏当です。だが、イエスは、もう一本折らせてやれと

言います。それは報復ではありません。一本に対する一本が同害報復で、一本に対する二本が拡大報復。しかし、イエスは一本に対するゼロ（あるいはマイナス一本）を主張しています。そうすると、ゼロに対しては一本も二本も差はなくなります。ゼロで割れば、すべてが無限大になるからです。

そこで、このイエスの、

――ゼロの思想――

にもとづいて、わたしたちは同害報復法を野蛮と見るのです。

でも、それはちょっと不公平ですよね。

イエスの思想は理想論です。

しかし、同害報復法は現実論です。

理想論と現実論を対比すれば、いかなる場合でも理想論のほうが美しく、有利です。

だが、問題は、その理想論がどれだけ実践できるか、です。

誰だって、口先だけなら美しいことが言えますよ。しかし、口では「赦し」を唱えつつ、実際の行動としては拡大報復をやっているとしたら、その口で言っていることが嘘になります。

たとえば、アメリカは日本の広島・長崎に原爆を落とし、何十万人という市民を殺しました。しかし、彼らに言わせると、これは日本が真珠湾攻撃をやったことに対する報復だということになります。でも、考えてみてください。日本が真珠湾攻撃で殺したのは、約二千人の武装した兵士です（ただし、ごく少数の民間人も含まれていました）。それに対してアメリカが広島・長崎でやった殺戮は、何十万人という非武装の市民です。明らかにこれは拡大報復であり、国際法違反の野蛮な行為です。けれども、国際法違反といえば、日本の真珠湾攻撃も宣戦布告なき攻撃だから国際法違反です。だから、同じだ——というのは、やはりおかしいですよ。アメリカは野蛮な国です。（わたしはこれを二〇〇一年九月十一日のアメリカの同時多発テロ事件以前に書いていたのですが、あの事件以降のアメリカの行動によっても、アメリカの野蛮性が証明されました。）にもかかわらず、口先では理想論を唱えています。その欺瞞に、わたしたちは騙されてはなりません。

キリスト教の理想論は、それが実践されないかぎり、空虚な言葉です。空虚な言葉であれば、われわれは聞く必要はありません。無視すればいいのです。

では、キリスト教において、イエスの赦しの原理がどの程度現実化できるか？　また、現実化されているか？　その点が問題になります。

もう一つ、問題があります。

「五十歩百歩」あるいは「目糞鼻糞を笑う」といった言葉があります。わたしは、この考え方もおかしいと思います。

「五十歩百歩」は『孟子』（梁恵王上）に出てくる言葉です。戦場で五十歩敗走した者が、百歩も敗走した者を弱虫と嘲笑した。どちらも逃げたことには変りはないのに……というわけです。

だが、それは、一歩も逃げないこと、すなわちゼロを理想とした考え方です。ゼロからすれば五十も百も変りがない、というわけですね。ゼロで割れば、どちらも無限大になります。しかし、理想を基準に判定すればそうなりますが、現実の問題としては五十と百では大違いです。わたしたちは、理想を基準にして現実を論じてはいけないと思います。

歯を一本折られたら、加害者にもう一本折らせてやれ！　イエスが言っているのは理想論です。歯を一本折られたら、被害者に加害者の歯を一本折る権利が発生する。しかし、加害者の歯を二本も三本も折ってはならんぞ！　それが『旧約聖書』の現実論です。その現実論は穏当であって、決して野蛮ではありません。

わたしたちは、にもかかわらず、「目には目を、歯には歯を」の同害報復法を野蛮と見る見方を教わってきました。それはキリスト教の宣伝に引っかかったのです。わたしはそう思います。

▼たいていのトラブルは「目には目を」で解決できる

ここでちょっと、イスラム教の勉強をしましょう。

イスラム教は六一〇年にアラビアでムハンマドが創唱した宗教です。ムハンマドは、日本ではマホメットと呼ばれていますが、〝マホメット〟はペルシア語での呼称であって、彼はアラブ人ですから、アラビア語の〝ムハンマド〟の呼び名のほうが適切です。

前にも触れたように、イスラム教においては『旧約聖書』が聖典とされています。もちろん、イスラム教には独自の聖典『コーラン』もありますが、ユダヤ教やキリスト教と共通する聖典である『旧約聖書』も信奉されているのです。

ですから、ユダヤ教、キリスト教、イスラム教は姉妹宗教です。

ユダヤ教を父として、紀元一世紀にキリスト教という長男が生まれ、ついで七世紀にイスラム教という次男が誕生した。そう見るとよいでしょう。

さて、このイスラム教における犯罪の考え方がおもしろいと思います。

イスラム教では、犯罪を大きく二種に分類し、それに応じて刑罰が二種に分類されています。

神の権利（ハック・アッラー）としての刑罰……これは神の命にそむいた犯罪に対して、神がご自分の権利として科される刑罰です。

人間の権利（ハック・アーダミー）としての刑罰……被害者やその親族が権利として要求する刑罰です。

〝アッラー〟は神です。神に対して人間が犯した罪に、神自身が科される罰が前者です。では、神に対する犯罪とは何でしょうか。それは『コーラン』に明記されています。

1　姦通。
2　姦通についての中傷。
3　飲酒。
4　窃盗。
5　追剥ぎ。

これは神が科される刑罰ですから、『コーラン』に明記されている通りに厳密に執行せねばなりません。たとえば、窃盗罪には手足の交互切断が科されます。初犯は右手、再犯は左足、三犯は左手、四犯は右足を切り落とされることになっているのです。でも、かわいそうだから、ちょっとまけておいてやろう……と、人間が勝手に情状酌量してはいけないのです。そんなことをすれば、その情状酌量した者が自分の手足を切断されるでしょう。

ところで、お気づきでしょうか。この神に対する罪のうちに、暴行傷害罪や殺人罪が入っていません。

なぜかといえば、それらはハック・アーダミーに分類されるからです。〝アーダミー〟はアダム、つまり神が創造された最初の人間です。殺人罪や暴行傷害の罪は、こちらのほうの人間に対する罪になります。

そして、この人間に対する罪に対しては、「目には目を、歯には歯を」の同害報復法が適用されます。相手の歯を一本折れば自分の歯が一本折られ、相手の片目を潰せば自分の片目が潰されるのです。相手を殺せば、その相手の遺族に自分が殺されます。ただし、相手が認めてくれれば、賠償金を支払うことによって解決される可能性もあるわけです。

これは簡単でいいですね。人を殺せば、自分が殺される。それも、加害者を殺すか、賠償金ですませるか、被害者の遺族が決めればよいことであって、なにも国家の裁判官がしゃしゃり出て、おまえは死刑にする、おまえは無罪にする、なんて決める必要はありません。いや、国家の裁判官にそんな権限があるはずがないのです。わたしは、このイスラム教の考え方のほうが合理的だと思います。

そして、考えてみれば、この「目には目を、歯には歯を」の同害報復法で律しきれない犯罪が「ハック・アッラー」とされているようです。

たとえば、窃盗です。一千万円を盗んだ泥棒は、「目には目を」だと一千万円を返済すればよいことになってしまいます。あるいは姦通も、他人の妻と姦通した男が、「歯には歯を」ということで、それじゃああなたはわたしの妻と姦通してください……となるでしょうか。誰です、それは妻によりけりだ、美人の奥さんであれば、むしろ歓迎だ、なんて不謹慎なことを言っている人は……。

つまり、人間同士のあいだでのトラブルは、たいていが「目には目を」の同害報復法によって解決できます。そして、同害報復法によって解決できない問題を、神が担当され、神が罰せられる。それがイスラム教の考え方です。

もう一度繰り返しますが、わたしはこのイスラム教の考え方が、なかなかすばらしいと思っています。

▼「敵をも愛せ！」というのは、これも理想論

話をもとに戻します。

イエスは、この「目には目を、歯には歯を」の、『旧約聖書』の同害報復法に対する独自の見解を述べています。それは「赦し」の原理と呼ぶべきものですが、イエスの解釈につい

ては第五章で考察します。わたしたちは、ここで、イエスのもう一つの言葉を考えてみましょう。

《あなたがたも聞いているとおり、「隣人を愛し、敵を憎め」と命じられている。しかし、わたしは言っておく。敵を愛し、自分を迫害する者のために祈りなさい》

この「隣人を愛し、敵を憎め」というのが、『旧約聖書』の教えです。

じつをいえば、たしかに「隣人を愛せ！」という律法は、『旧約聖書』にあります。「レビ記」(19) にある、

《自分自身を愛するように隣人を愛しなさい》

がそれです。けれども、「敵を憎め！」のほうは、『旧約聖書』に該当する個所がありません。とすると、イエスが勝手にそう思い込んでいた可能性があります。

ところが、一九四七年になって、死海の北岸のクムランの洞窟でアラブ人の牧童が偶然に七巻の羊皮紙巻物を発見しました。そしてその後の調査によって、銅板巻物を含む多くの文書が発掘されました。それらが「死海文書」と呼ばれているものです。

この死海文書によって、紀元前二世紀の中ごろから紀元後六八年ごろまで、この地に「クムラン教団」と呼ばれる特殊な信仰共同体が存在していたことがわかりました。彼らは律法をよく学び、厳格に戒律を守り、生活のあらゆる面で清浄であることにつとめ、後世の修道

士とよく似た団体生活を送っていたようです。

そのクムラン教団の文書の中に、イエスの言っている「敵を憎め！」と同種の言葉があるそうです（佐藤研訳『マルコによる福音書・マタイによる福音書――新約聖書Ⅰ』岩波書店、一九九五年、の脚注による）。ひょっとしたらイエスは、このクムラン教団となんらかの関係を持っていたかもしれません。

まあ、それはともかくとして、イエスがここで『旧約聖書』の新解釈をしていることはまちがいありません。つまり彼は、「敵をも愛しなさい！」と命じているわけですが、これは『旧約聖書』にはない思想です。

そして、これは理想論です。わたしたちは敵を愛することなど、まずは不可能でしょう。では、なぜイエスは、わたしたちが実践できないことを言ったのか……？ それについては第五章で考えることにします。ここでは、『旧約聖書』において「愛」がどのように捉えられていたかを考察しましょう。

▼ユダヤ教の神は日本の会社とどこか似ている

前にわたしは、ユダヤ教は「契約宗教」だと言いました。ユダヤ人は神と契約を結びまし

たが、その神の名は、現在ではわからなくなったのです。なぜなら、律法のうちには、

《あなたの神、主の名をみだりに唱えてはならない》（「出エジプト記」20）

といった条項があり、ユダヤ人は神の名（固有名詞）を呼ぶことをしませんでした。それですっかり忘れられてしまったのです。学者は、しばらく前は、神の名は〝エホバ〟であっただろうと考証していましたが、最近は〝ヤーウェ〟であったとする説が有力です。ここではいちおうヤーウェにしておきます。

ユダヤ教は一神教ですが、正確にいえば、

――契約一神教――

です。ヤーウェ以外にも多数の神々がいますが、ユダヤ人は、われわれは他の神は神と認めない、ただヤーウェだけを神と認める――として、そのヤーウェと契約を結んだのです。

これは、譬《たと》えて言えば、さまざまな生命保険会社からただ一社を選んで契約を結ぶようなものです。生命保険の場合、数社と契約を結ぶことができますが、複数の神と契約を結ぶといった考え方が多神教です。ユダヤ教が契約一神教なのは、ただ一社としか契約を結べないといった考えに立っているのです。

だから、これは、昔の日本人が会社と雇用契約を結んだのに似ています。最近の企業は簡単に社員をリストラしますが、昔の日本の企業は終身雇用がタテマエでした。企業は社員の

面倒を一生見てくれます。そのかわり社員は、ひたすら自分の属する企業の利益のために、わが身を犠牲にして働くのです。その意味では、昔の日本、昔といってもつい二十世紀の八〇年代、九〇年代ぐらいまでがそうでしたし、二十一世紀のいまも少しはその形態が残っていますが、日本のサラリーマンは企業の、

——奴隷——

といってよい存在でした。それだから、日本のサラリーマンを〝社奴〟（会社の奴隷）だとか〝社畜〟（家に飼われる動物が家畜で、会社に飼われている動物が社畜）と呼ばれたのです。

奴隷といえば、ユダヤ人は一時期、エジプトで奴隷にされていました。紀元前十七世紀ごろ（この年代には異説がありますが）、カナンの地（パレスチナの古名）に飢饉が起きて、ユダヤ人は難民となってエジプトの地に逃げ込み、そこでついに肉体奴隷となりました。エジプト人はこの奴隷を使って、ピラミッドを造ったりしました。

そのような状況で、紀元前十三世紀のころモーセ（ヘブライ語では〝モーセ〟、英語だと〝モーゼ〟）という預言者がヤーウェの神の言葉を伝え、ユダヤ人はヤーウェと契約を結びました。神はその契約にもとづいて、ユダヤ人を導いてエジプトから脱出させ、約束の地カナンに帰らせたのです。これが「出エジプト」と呼ばれる出来事です。

そうすると、ユダヤ教というのは、自分たちを奴隷の状態から解放してくれた宗教である――と言えるでしょう。ただ、その代わり、ユダヤ人は神の奴隷となったのです。全権を神に委任し、神の奴隷となることによって、人間の奴隷の状態から解放されたのです。

だから、わたしは企業の社員研修などでよく言います。

「ユダヤ教というのは、あなたがたが会社に忠誠心を持っている、その会社をヤーウェの神に置き換えたようなものですよ。もっとも、そんなことを言えば、それは神に対する冒瀆だ、神はそんな低次元の存在ではないとユダヤ人は怒るでしょうが、安っぽいか否かは別にして、ユダヤ教の構造はそういうものです」

その意味では、日本人は「会社という神」に仕えているのです。そして奴隷になっているのです。

▼命令型宗教だと、人間は命令通りにやっていればよい

ユダヤ教では、人間はヤーウェの神と契約を結びます。そして神は、その契約にもとづいて、人間にあれこれ生き方を指示されます。その生き方の指示が、

――律法――

と呼ばれるものです。会社に就職した社員に対する就業規則だと思えばいいでしょう。この律法は、微に入り細に入り、じつに細かなところまで定められています。何を食べてよいか、何を食べてはいけないか、どんな衣服を着てよいか、着てはいけないか、生活の隅々までが神によって律せられているのです。

たとえば、性関係については、

《あなたは妻の存命中に、その姉妹をめとってこれを犯し、妻を苦しめてはならない》(「レビ記」18)

《月経の汚れを持つ女性に近づいて、これを犯してはならない》(同)

《女と寝るように男と寝てはならない。それはいとうべきことである》(同)

とあります。あるいは、「血を飲むな」といった律法もあります。

《それゆえ、わたしはイスラエルの人々に言う。あなたたちも、あなたたちのもとに寄留する者も、だれも血を食べてはならない。

イスラエルの人々であれ、彼らのもとに寄留する者であれ、食用となる動物や鳥を捕獲したなら、血は注ぎ出して土で覆う。すべての生き物の命はその血であり、それは生きた体の内にあるからである。わたしはイスラエルの人々に言う。いかなる生き物の血も、決して食べてはならない》(同17)

この規定によって、輸血は原則的には認められません。輸血は「血を食べる」行為だからです。

また、ユダヤ人は、牛を屠ったあと、その血を全部抜き取ります。だから、血抜きされた肉を食べるわけです。イスラエルに旅行すると、肉料理がまったくおいしくないのです。あたりまえです。わたしたちは血の滴《したた》る牛肉を食べているのです。そのおいしさに慣れているからです。

ユダヤ教は、してみると、

——命令型宗教——

です。神が「ああせよ、こうせよ」と命令しておられます。人間はその神の言いつけを守っていればよいのです。だから、それは、

——マニュアル宗教——

だとも言えます。

しかし、早合点しないでください。細かな命令、マニュアルが与えられていることは、ちっとも苦ではありません。むしろ楽なんです。われわれ日本人は、マニュアルに縛られるなんて窮屈だと考えますが、それは勘違いです。だって、マニュアルが与えられていれば、そのマニュアルの通りにやってさえいればいいのです。それで、もしもおかしなことになった

ら、その責任はマニュアルをつくった神にあります。人間は無責任でおれます。それがマニュアル宗教のいいところなんです。

余談になりますが、日本人はマニュアルというものの本質を理解していませんね。マニュアル通りにやって結果が失敗に終われば、責任はマニュアルをつくった者にあります。プロ野球で、監督がバントのサインを出し、選手がバントをやって、結果的にダブルプレイになりました。日本の監督は、

「あんな下手なバントをやる奴があるか?!」

と選手に責任を転嫁するでしょうが、本当は下手なバントしかできない選手にバントを命じた監督の責任です。選手は上手・下手を問われません。ただ言われた通りにバントをすればいいだけなのです。

やはり日本人には、契約宗教・命令型宗教・マニュアル宗教というものの本質がわかっていないのですね。

▼大乗仏教とキリスト教はともに「自覚宗教」

さて、ユダヤ教は契約宗教です。人間は神と契約し、その契約にもとづいて神は人間に命

令（律法）し、人間がその命令に忠実に従っているかぎり、神はその人間を保護する。そういう構造の宗教です。

ということは、神は、自分と契約を結んでいない人間に関しては、いわば、

——無関心——

です。非契約者が苦しもうが悲しもうが、いっさい関心を持ちません。そういうことになります。

わたしはテレホンカードを蒐集していますが（といっても使用済のテレホンカードです）、入手した住友生命のテレホンカードに、

《入った人だけ、守ってあげる》

といったコピーがありました。これを見て、わたしは、

〈露骨だなあ……〉

と一瞬思ったのですが、考えてみればこれがあたりまえですね。契約していない人にまで保険金が支払われることはあり得ないのです。もし、契約していない人にも保険金が支払われるとしたら、保険会社はつぶれてしまいます。

ここのところに「契約宗教」の本質があります。

そして、仏教（大乗仏教）とユダヤ教との本質的な違いもこの点にあります。

大乗仏教においては、仏はすべての人を慈悲の光で照らしておられるのです。
そのことについては、たとえば『法華経』の「譬喩品《ひゆぼん》」が、
《今、この三界は　皆、これ、わが有なり。
その中の衆生は　悉《ことごと》くこれ吾が子なり》
と言っています。あるいは、「薬草喩品」においては、釈迦の言葉として、
《雲があたり一面に雨水を降らせて、一切の世間を蘇生させるように、
身分の高低を問わず、戒律を守るか否かを問わず、余はすべてに同じ感情をもつ。
また、行状の堕落した人々であれ、起居振舞《たちいふるまい》を弁《わきま》えた人々であれ、
異見をもつ人であれ、誤った見解の人であれ、
また正しい意見の持主であれ、清浄な考えの人々であれ、
下劣な考えの人であれ、勝れた考えの人であれ、
また超人的な根性の持主にも、余は教えを説く。
怠惰な気持をすべて捨てて、余は教えの雨をあまねく降らすのだ》
と言っています。この「薬草喩品」からの引用は、『法華経』のサンスクリット語からの翻訳（岩本裕訳。岩波文庫）によりました。仏はあらゆる人に平等に慈悲の雨を降らせておられる。そう言っているのです。ここには契約といった観念が微塵《みじん》もありません。

このことはあとでまた述べる必要がありますが、ユダヤ教が「契約宗教」であるのに対して、わたしは、大乗仏教は、

——自覚宗教——

と呼んでいます。わたしたちみんなに仏の慈悲が及んでいると「自覚」することのできた者が、大乗仏教徒です。それを「自覚」できない者は、仏教徒にはなれません。大乗仏教は、各人の「自覚」に俟《ま》つ宗教なんです。

では、キリスト教はどうでしょうか？

すでに何度も指摘したように、キリスト教はユダヤ教から派生した宗教です。だが、構造的に言って、ユダヤ教とキリスト教は同じではありません。まったく違っていると言うべきです。

というのは、キリスト教において「契約」といった観念があるかどうか、いささか断言をためらいます。はっきり「ない」と言うことはできませんが、相当に希薄になっています。

そのことは、すでに引用した（八七頁参照）イエスの言葉で明らかです。

《あなたがたも聞いているとおり、「隣人を愛し、敵を憎め」と命じられている。しかし、わたしは言っておく。敵を愛し、自分を迫害する者のために祈りなさい。あなたがたの天の父の子となるためである。父は悪人にも善人にも太陽を昇らせ、正しい者にも正しくない者

にも雨を降らせてくださるからである》（「マタイによる福音書」5）

この言葉は、先程の『法華経』とそっくりです。『法華経』が言う「吾が子」は「天の父の子」であり、すべての人を慈悲の光で照らし、すべての人に慈悲の雨を降らせるのは、悪人にも善人にも太陽を昇らせ、正しい者にも正しくない者にも雨を降らせることです。

また、「ヨハネによる福音書」（3）では、

《神は、その独り子をお与えになったほどに、世を愛された》

といったイエスの言葉があり、「ヨハネの手紙　一」（4）では、

《わたしたちが愛するのは、神がまずわたしたちを愛してくださったからです》

と書かれています。明らかに最初に「愛」があったのです。契約に先立って神のほうから人間を愛されたのです。その意味では、キリスト教をユダヤ教と同じ「契約宗教」とは呼べません。

では、キリスト教はどういう宗教でしょうか……？　わたしは、キリスト教も大乗仏教と同じ「自覚宗教」と呼んだほうがいいと思っています。（しかし、ある意味ではキリスト教にも契約の思想があります。その点については、第六章で考察することにします。）

▼自分自身を愛するように他人を愛するのがユダヤ教の「愛」

もう一度、ユダヤ教に戻ります。

ユダヤ教は契約宗教です。神は自分と契約した者の安全だけに関心を持ち、非契約者に対しては基本的に無関心です。もっとも、非契約者に対して完全に無関心でいると、非契約者によって契約者の利害が侵害されることがありますから、ある程度は非契約者の行動に目を光らせていますが、それはその理由だけであって、非契約者の幸福・不幸に関心を寄せているのではありません。

さて、そうだとすれば、ユダヤ教においては、基本的に、

——隣人と敵——

が区別されます。隣人というのはヤーウェの神と契約を結んでいる者です。敵というのは、非契約者です。

そして、隣人に対しては「愛」を、敵に対しては「憎しみ」を、ということになりそうです。

じつは、これは、先程のイエスの言葉です。

《あなたがたも聞いているとおり、「隣人を愛し、敵を憎め」と命じられている》

先程も指摘したように、これとぴったり一致する言葉は『旧約聖書』にはありません。それは、〝敵〟〝憎め〟といった言葉が、いささかきついからです。でも、それをちょっと和らげて〝異教徒〟〝関心を持つな〟ぐらいにすれば、まさにそれがユダヤ教の基本精神です。そして、当然のことですが、ここで言われている「愛」は、それほど高次元のものではありません。わたしは、それは、

――仲良くしなさい――

といった程度のものだと思います。なぜなら、敵をも愛さなければならないとなれば、普通の生物的・動物的な愛では駄目です。そんな動物的な愛を超えた、もっと高尚な愛が要求されます。けれども、仲間とよそ者を区別して、仲間だけを愛せよと言われたら、普通の動物的な愛では困るにしても、ちょっとしたヒューマニズムぐらいで愛することができそうです。

実際、ユダヤ教で言われている隣人愛とは、それほど高次元のものではありません。そのことは、『旧約聖書』の「レビ記」(19)を読んでみるとわかります。

《穀物を収穫するときは、畑の隅まで刈り尽くしてはならない。収穫後の落ち穂を拾い集めてはならない。ぶどうも、摘み尽くしてはならない。ぶどう畑の落ちた実を拾い集めてはな

らない。これらは貧しい者や寄留者のために残しておかねばならない》

ミレー（一八一四—七五）の有名な『落穂拾い』の名画は、この思想にもとづいています。三人の貧しい農婦が黙々と落ち穂を拾っていますが、あの落ち穂は彼女たちに所有権があります。神が貧しい者に与えられたものです。これが貧しい隣人に対する愛なのです。

《あなたは隣人を虐《しいた》げてはならない。奪い取ってはならない。雇い人の労賃の支払いを翌朝まで延ばしてはならない。耳の聞こえぬ者を悪く言ったり、目の見えぬ者の前に障害物を置いてはならない》

《心の中で兄弟を憎んではならない。同胞を率直に戒《いまし》めなさい。そうすれば彼の罪を負うことはない。復讐してはならない。民の人々に恨みを抱いてはならない。自分自身を愛するように隣人を愛しなさい》

ここのところはちょっと抽象的ですが、次のはもっと具体的です。

《白髪の人の前では起立し、長老を尊び、あなたの神を畏《おそ》れなさい》

そして、寄留者に対する愛も言われています。寄留者とは非契約者です。その非契約者に対しても、最低限、これぐらいのことはしろ——というわけです。

《寄留者があなたの土地に共に住んでいるなら、彼を虐げてはならない。あなたたちのもとに寄留する者をあなたたちのうちの土地に生まれた者同様に扱い、自分自身のように愛しな

さい。なぜなら、あなたたちもエジプトの国においては寄留者であったからである》

これと関連して、「レビ記」(25)の次の命令も紹介しておきます。

《もし同胞が貧しく、自分で生計を立てることができないときは、寄留者ないし滞在者を助けるようにその人を助け、共に生活できるようにしなさい。あなたはその人から利子も利息も取ってはならない。あなたの神を畏れ、同胞があなたと共に生きられるようにしなさい。その人に金や食糧を貸す場合、利子や利息を取ってはならない》

これらの規定を読んで感ずることは、

〈ちょっと安っぽいよな……〉

です。それほど深遠なことが述べられているわけではありません。ごくごくあたりまえのことが述べられています。

そして、この六個の引用文の中で二回出てくる言葉があります。お気づきでしょうか。それは、

――自分自身を愛するように隣人を愛しなさい――

です。これがキイ・ワードになりそうです。

つまり、ユダヤ教において言われている「隣人愛」とは、自分自身を愛するように隣人を愛することです。それが簡単にできることかどうか、それを考えはじめるとむずかしくなり

ます。でも、あまりむずかしくしてはいけないようです。少なくとも『旧約聖書』においては、それが簡単にできることだとして、神は人間に「そうせよ！」と命じられたのです。

だから、わたしたちは、ユダヤ教における「愛」とは、自分自身を愛するように他人を愛することだ、としておきましょう。そういう結論でもって、この章を閉じることにします。

第四章　宗教と倫理の違いについて

▼人はみな自己を愛するが故に他人を害するな！

末利夫人《まりぶにん》（マッリカー）は、コーサラ国の波斯匿王《はしのくおう》（プラセーナジット）の王妃です。ある日、波斯匿王はこの王妃とともに城の高楼に昇り、こんな会話をしました。

「末利よ、この広い世の中に、そなたには誰か、そなた自身よりも愛《いと》しいと思う人がいるだろうか？」

その質問に、王妃はこう答えます。

「王さま、わたくしには、この世の中に、自分自身よりも愛おしいと思われる人はございません」

末利夫人は、ちょっと正直すぎますよね。夫がそんな質問をした背景には、妻から、「わたくしはわたくし自身よりもあなたをよりいっそう愛していますわ」と答えてほしかったのです。そう答えてもらって、男は鼻の下を長くしたいのです。わたしは波斯匿王の気持ちをそんなふうに忖度《そんたく》しています。

でも、末利夫人は夫の気持ちを知ってか知らずか、自分の気持ちを正直に答えた。

で、波斯匿王はいささか「むっ」とします。

そこで、それを見てとって、彼女は夫にこう質問します。

「それでは王さま、王さまには、ご自身よりもなお愛おしい人がおいでになりますか……?」

これは見事な切り返しです。

「末利よ、考えてみれば、わし自身もそうだ」

そう答えざるを得ません。

だが、そのあと、二人は考えます。たしかに自分自身よりも愛しい者はいない。そういう結論になるのですが、でも、それでいいのかどうか、自信がありません。ひょっとして、これはエゴイズムではないか……。そう思ったのです。

そこで王は、日ごろ教えをいただいている釈迦に質問することにして、祇園精舎《ぎおんしょうじゃ》を訪ねて行きました。

釈迦は波斯匿王の疑問を聞いて、次のように答えました。

《人のおもいは、いずこへもゆくことができる。

されど、いずこへおもむこうとも、

人は、おのれより愛しいものを見いだすことはできぬ。

それとおなじく、
他の人々にも、自己はこの上もなく愛しい。
されば、
おのれの愛しいことを知るものは、
他のものを害してはならぬ》
これは、『相応部経典』（三、八「末利」）に出てくる話です（増谷文雄『仏教百話』による）。
ここで釈迦は、人間は誰もが自分自身を愛しているのだから、他人を傷つけてはいけないと説いています。つまり、
――非暴力の精神――
です。そしてこれが、仏教の五戒の一つである「不殺生戒《せっしょう》」になっているわけです。
五戒は在家信者が保つべき五つの戒めです。
1　不殺生戒……あらゆる生き物に暴力を加えない。
2　不妄語《もうご》戒……嘘をつかない。
3　不偸盗《ちゅうとう》戒……盗みをしない。
4　不邪淫《じゃいん》戒……淫《みだ》らなセックスをしない。
5　不飲酒《おんじゅ》戒……酒を飲まない。

混同されると困るのは、「戒」と「戒律」は同じではありません。

〝戒〟の原語はサンスクリット語の〝シーラ〟であって、これは「習慣」といった意味です。したがって、善い習慣（善戒）もあれば悪い習慣（悪戒）もあります。在家信者は五戒——五つの善い習慣——を身につけようということです。

一方、〝律〟の原語はサンスクリット語の〝ヴィナヤ〟であって、もとの意味は「取り除く」「教育する」です。集団生活を営んでいる僧侶に対しての生活規則が「律」で、これには罰則があります。「戒」を破った在家信者は自分でそれを反省し懺悔《さんげ》すればいいのですが、集団生活をしている出家者は、他人に迷惑を与えるから、どうしてもルールが必要になり、またルール違反に対する罰が必要になります。

したがって、律は出家した僧だけに適用されます。在家信者には戒だけです。在家信者が戒を破っても、それに対するペナルティーはありません。在家信者は自分自身で懺悔すればいいのです。なお、〝懺悔〟は、仏教では〝さんげ〟と発音します。

▼自分自身を増やそうとする遺伝子のプログラム

《人は、おのれより愛しいものを見いだすことはできぬ》

釈迦はそう断言しています。釈迦の教えである仏教は、このことを教理の基盤に置いています。この事実の承認をもって、考察をはじめるのです。

じつはこのことは、わたしたちはすでに第二章で勉強したことです（七〇頁参照）。もう一度繰り返しておきますと、

「つまり、釈迦が考えたのは、

愛というものは、まず自己愛から出発します。

そして、愛というものの根底に渇愛があります。

ということでした。要するに、愛とは本質的にエゴイズムであり、愛する対象に対する執着心（渇愛）でしかないのです」

ということになります。

わたしたちは、親が子に対する愛情は純真無垢《むく》であると教わってきました。とくに母親のわが子に対する愛はそうであって、わが身をも犠牲にするとまで言われています。

しかし、最近の生物学は、そこのところはちょっと違うよ、と言っています。

一九七六年にリチャード・ドーキンスという生物学者が『利己的な遺伝子（The Selfish Gene）』という本を出版しました。彼は、遺伝子は究極のところ自分自身を増やそうとする行動のプログラムであることを主張し、この、

——利己的遺伝子——

という概念でもって、これまでダーウィンの進化論では説明できなかったものを説明したのです。

親鳥が雛のために餌を運んでやります。わたしたちはそれを、母親の献身的な行動と見る見方を教わり、その見方で見てきましたが、利己的遺伝子という概念によると、たんにそれは自己の遺伝子を守る行動でしかないのです。そして、そういう目で見ると、生物の世界には、さまざまなおもしろい例があるようです。

たとえば、カッコウです。カッコウは托卵《たくらん》鳥です。托卵というのは、別の種類の鳥の巣に卵を産むことです。つまりカッコウは、別の鳥の巣に卵を産んで、自分では子育てをしないで他の鳥に育てさせるのです。ヨーロッパ産のカッコウはビンズイの巣に托卵しますが、ビンズイの雛よりも早く孵化したカッコウの雛は、まだ目も見えないのに、ビンズイの卵を巣から押し出します（中原英臣・佐川峻『利己的遺伝子とは何か』）。そうすることによって、自分がより多く餌を貰おうとするのです。

また、カッコウの雛は、親（この場合は里親です）から餌を貰うために、大きな声で鳴きます。そうすると親は、実の子をほうっておいて、この他人の雛に餌をやるのです。

イスラエルのアモツ・ザハヴィという生物学者は、「キツネさん、キツネさん理論」を提

唱しています。雛が大声で鳴くのは、

「キツネさん、キツネさん、ほらほら、ここにおいしい餌がありますよ」

と、捕食者であるキツネに自己の存在を教えているのだ、というのです。そんなことをすれば自分が食われてしまうじゃないか?! なぜ、そんな馬鹿なことをするんだ?! と、われわれは思います。たしかに身の危険はありますが、だからこそ親鳥はキツネにわが子を食べられては困るので、大声を発している雛を沈黙させようとして、他の雛よりも先に餌を与えるのです。かくて、カッコウの雛は餌を大量に貰えるわけです。それがザハヴィの理論です。

もっとも、ドーキンスは、『利己的な遺伝子』の初版本では、このザハヴィの理論に懐疑的でした。しかし、一九八九年版では、彼はザハヴィにかなり共鳴しているようです。いずれにしても、生物の世界では「利己的」ということが基調にあるのですね。

ちょっと余談になりますが、動物行動学者の竹内久美子さんがおもしろいことを言っています。

《小児ゼンソクについて私が怪しいと思うのは、この病気がまず死には至らないもので、ある年齢に達するとケロリと治ってしまうということだ。もちろん、発作の時の苦しみは、今度こそ死ぬんじゃないかと思うほどに強烈だし、発作を恐れるあまり睡眠が浅くなり、だんだんと体が衰弱していくのも事実だ。しかし、それでも決して死にはしないのである。利己的遺伝子《セルフィッシュジーン》は少なくともこの病気によって個体を死に至らしめようとは考えていない。その代わり、あの強烈な症状を周囲に向かってアピールしようとしているようだ。

親は病気で苦しむ我が子を不憫《ふびん》に思い、他の子よりも布団を一枚余計に掛けるようになるだろう。今夜は発作が起きはしないだろうかと、その子の健康状態に常に注意を払うようにもなるだろう。そうすると結局のところその子は、ゼンソクなど起こさず、外で元気に遊び、「あの子なら心配いらない」と親が気を抜いている子よりも案外有利に生き延びて行くかもしれないのである。私が小児ゼンソクを〝脅迫〟や〝操作〟だと思うのはこういう理由からである》(『そんなバカな!』)

こんな話を聞くと、美しい献身的な愛を信じておられる人は怒りだすかもしれません。けれども、生物学のこの考え方があんがい仏教の考え方に通じているようです。少なくとも釈迦が、あらゆる愛の根底に「利己的な愛」を置いておられることはまちがいありません。わたしたちは愛を美しいものに扮飾して考えるのではなしに、愛の実体を知らねばなりません。実体を知った上で、愛する、あるいは愛さないのいずれがよいかを考えるべきです。わたしはそう思っています。

基本です。

▼幼児虐待は親子の一体化がなくなったとき起きる

すべての人が自分自身を愛している——。釈迦はそう言いました。つまり、自己愛が愛の基本です。

そこで、親（とくに母親）の子に対する愛情を考えてみます。

すぐに気づくことですが、親の子に対する愛には二つのタイプがあります。A図とB図です。A図においては、わが子はわたしの内部にあります。しかしB図では、わが子はわたしの外にあります。外在化され、他人となっているのです。

カンガルーで考えてください。カンガルー科の仲間の大きさは大小さまざまですが、大きなものでは体重八十キロもあります。しかし、そのカンガルーの子どもは未成熟な状態で産まれ、大きさは一、二センチ、体重一グラム前後です。その小さな子どもが独力で前足を用いて母親の育児嚢の中に入り、四個ある乳頭の一つに吸い付いて育ちます。だいたい半年から一年で独立します。よく母親の育児嚢から赤ちゃんカンガルーが小さな顔を出している写真を見かけますが、あれは独立前の赤ん坊カンガルーです。

ほかの動物は、産卵や出産の直後、独立した別の個体になりますが、有袋類の場合は、出

A図

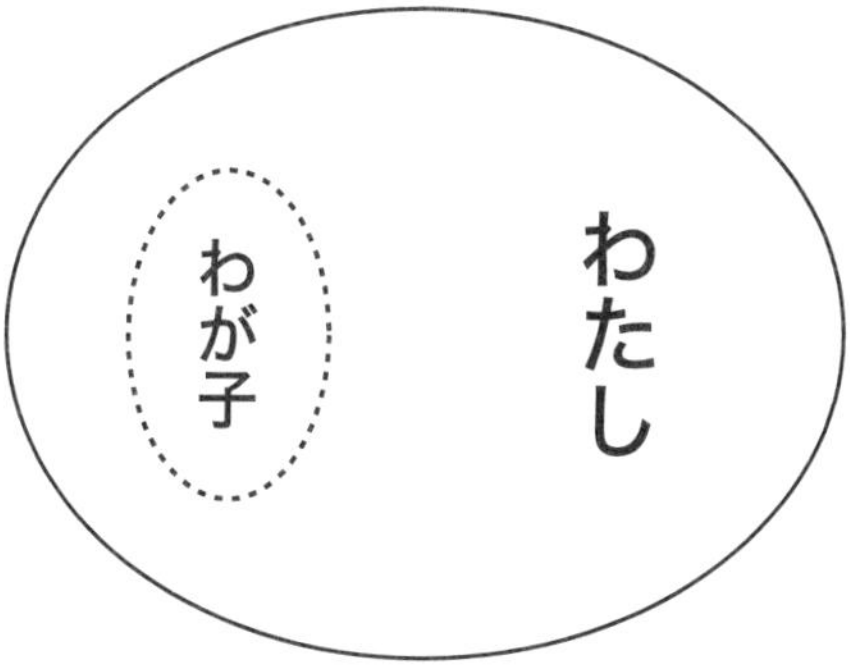

B図

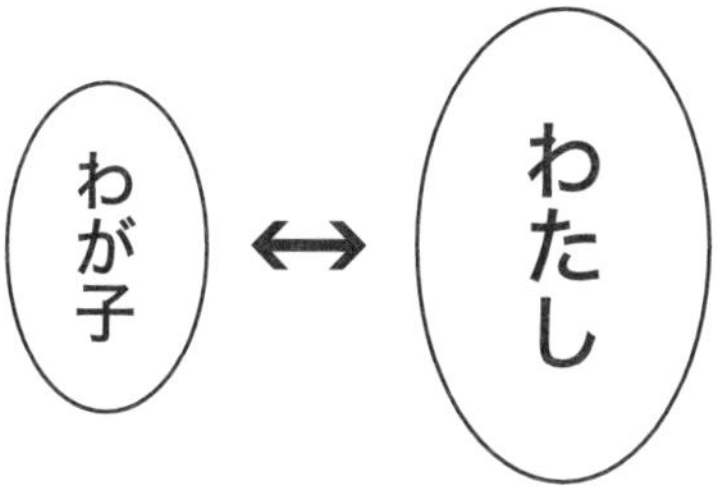

産してからも母親の中で育つのです。つまりA図です。しかし、ほかの動物だって、産卵・出産の直後に完全にB図になるのではなしに、個体的には独立していますが、生活的・意識的には一体化されており、A図の関係になっているといえます。そして、子どもが充分に成育したとき、B図になります。

さらに人間の場合は、A図の関係——親と子の一体化——が相当の長期になります。と同時に、人間の場合には、親子の関係が意識的にA図になったりB図になったりします。動物の場合は、生理的・生物学的に巣離れ、乳離れが起こるのですが、人間の場合は、親の意識だけで、まだ一体化しているはずの子どもを独立させたり、充分に独立している子どもを甘やかして自分の中に従属させたりするわけです。後者の場合は、いつまでも子離れのできない親になります。

最近多く報道される幼児虐待は、本来はA図の関係にあるわが子を、親の意識によってB図の関係にしてしまったために起きる現象です。赤ん坊が泣くのは、生物学的には親の注意を惹《ひ》きたいがためです。ザハヴィの理論ですと、「キツネさん、キツネさん、ここにおいしい餌がありますよ」と信号を送っているのです。親はわが子をキツネに食べられては困りますから、あわてて子どもが泣かないようにするのです。したがって、あの泣き声は、相当に不快なものです。あれが快適な泣き声であれば、親は泣きやめさせようとはしませんからね。

不快であるからこそ、泣きやめさせようとするのです。

ところが、最近の若い親たちのうちには、自分たちの都合でわが子をB図にしてしまう親がいるのです。たとえば、自分たち夫婦がセックスをしようとしているときに、突然、赤ん坊が泣きだします。そうすると、その赤ん坊を一個の独立した個体と認識し、それを折檻するのです。じつをいえば、昔も、父親のほうは自分勝手で、だいたいにおいてわが子をB図で認識していました。だから、子どもが泣けば女房に、

「うるさい！　泣きやめさせろ！」

なんて言っていたものです。父親のほうは昔もいまもあまり変りはありませんが、近年は母親までもが、この父親に近くなったのです。

なぜでしょうか……？　わたしは、それは、現代日本社会では、親は子どもに老後の面倒を見てもらう必要がなくなった、あるいは少なくなったからだと思います。人間は他の動物にくらべて、子どもが親に面倒を見てもらわねばならない期間が相当に長いのですが、逆に親が老後に子どもに面倒を見てもらわねばなりません。だから、親と子の一体化（A図）が長期にわたっておこなわれるのですが、現代日本の社会のように親が子に老後の面倒を見てもらう必要がなくなれば、親と子の一体化も短くなります。極端にいえば、産んだ瞬間、子どもは独立した存在になってしまいます。そうすると、子どもが子どもとして扱ってもらえ

ませんから、それが虐待になるわけです。

以上は親と子の関係について論じたものですが、これは親子関係でなくてもいいのです。わたしの家族といったような場合、わたしの中にわたしの家族があります。こういう内在的な関係、一体化した関係がA図です。夫婦が一体化しているときもA図です。それが独立して外在化すると、B図の関係になるわけです。

▼出家者と在家信者では生き方が違う

話を元に戻します。ともあれ、釈迦は、愛の根底に自己愛があることを指摘しました。さて、そこで、波斯匿王に向かっては、

「人はすべて自分自身を愛している。だから、他人を傷つけてはならない」

と教えられました。

ところで、読者は、第二章で考察したことを覚えておられますか？　釈迦は『ダンマパダ』において、

「すべての愛の根底には自己愛がある。だから、愛してはならない」

と教えておられます。これは矛盾する教えではないでしょうか。

だが、これは、矛盾ではありません。わたしは矛盾だとは思いません。というのは、第二章で考察した『ダンマパダ』は、出家者に対しての教えです。一方、波斯匿王は在家信者です。

出家者と在家信者では、生き方・行き方が違ってきます。だから釈迦は、それぞれに対して別の生き方・行き方を教えられたのです。わたしはそう思います。

では、それはどう違うでしょうか……?

妻子を棄てて出家するのが出家者ですから、出家者にはわが子はありません。出家者は自分一人です。とすると、出家者に向かっては、

「愛するな!」

といった教えになります。なぜなら愛の本質は渇愛(欲望・執着)であり、愛することは我執をつらぬくことになるからです。

ところが、在家信者に向かっては、「愛するな!」とは教えられません。なぜかといえば、在家信者にはわが子、係累《けいるい》があるからです。「愛するな!」といえば、その係累を見捨てることになります。そうすると、それは虐待です。

けれども、かといって「愛せよ!」と教えることもできません。愛することは、その相手を自己の所有物にしてしまう行為だからです。愛の本質は自己愛であり、我執であることを

忘れないでください。

そうすると、どうなりますか？　釈迦は波斯匿王に、

「だから他人を害してはならない」

と教えました。この他人に暴力を加えないということが、じつは大乗仏教が教える、

——慈悲——

なんです。しかし、その慈悲については、ここでは論じないでおきます。われわれはいずれ第六章で、この問題をじっくりと考究します。

ただ、ちょっと思い出したもので、余談を語っておきます。

かつてわたしは、スリランカの僧と対談しました。一冊の本をつくるための対談でしたが、いくら話し合ってもわたしと彼との立脚点が違っていて、結局は本になりませんでした。スリランカの僧は南方仏教の立場で、南方仏教はいわゆる小乗仏教の系統に属する仏教で、出家至上主義に立っています。ただし、南方仏教イコール小乗仏教ではありません。小乗仏教は大乗仏教が興起する前にあった仏教で、歴史的に過去に存在した仏教です。現在の南方仏教は、歴史的には小乗仏教から発展したものですが、相当に違った仏教になっています。ただ出家至上主義をとるところは、南方仏教は小乗仏教と同じです。

ところで、わたしはスリランカの僧と対談したとき、親は子どもの成長をじっと見守って

やるのが慈悲であると主張しました。たとえば、大学生の娘がオートバイに乗りたいと言ったとき（これは実際、わが家での出来事だったのですが）、「乗るな！」と忠告するのが親の役目ではありません。オートバイに乗っている娘を、はらはら心配しながら見守ってやるのが親の役目でしょう。そして、万が一、娘が大怪我をしたとき、娘と一緒に泣く。それが大乗仏教でいう慈悲だと思います。わたしはそのように語りました。

そうすると、スリランカの僧は、「いいえ、それはまちがいです」と、わたしを非難します。

「大学生ともなれば、娘さんは独立した人格でしょう。そうすると、娘さんは自己責任をとればいいのです。親がいちいち干渉する必要はありません」

それが彼の主張でした。彼のその主張は、親子関係をB図（一二七頁）で考えているのです。なるほど、「愛」といったものはB図になります。しかし、大乗仏教でいう「慈悲」は、B図ではなしにA図（一二七頁）で考えなければならないのです。南方仏教の彼には、そこのところがまったくわからないのです。

正直言って、わたしはそのとき腹が立ちました。口に出しては言いませんが、内心では、〈てめえのような出家者に、親の気持ちがわかるものか?!　てめえなんか、さっさとスリランカに帰っちまえ！〉

と毒づいていました。

おわかりでしょう。釈迦は出家者と在家信者には、違った教えを説いておられます。したがって、出家者には、在家信者の生き方はわかりませんよね。在家信者には、大乗仏教の教えでなければならないのです。

▼「己の欲せざる所、人に施すこと勿れ」がいいか悪いか?

話を先に進めます。

前章の最後で、ユダヤ教においては、

「自分自身を愛するように隣人を愛しなさい」

と教えられていることを明らかにしておきました。

ここのところがおもしろいと思います。

というのは、仏教においてもユダヤ教においても、

「すべての人は自分自身を愛している」

と認めています。それを出発点においています。そして、そこから、
ユダヤ教は……「(だから)他人を愛しなさい」

となり、

仏教は……「（だから）他人を愛してはならない」

となります。ただし、仏教の場合、大乗仏教においては「（だから）他人を害してはならない」となりますが、これは「自己愛と同質の愛でもって他人を愛することは、ある意味で他人を傷つけることになる」といった前提を置いての発言と見ることもできます。そしてそのように解釈すれば、大乗仏教においても、「（だから）他人を愛するな！」と言われていると受け取っていいでしょう。

ともあれ、ユダヤ教と仏教は、表面的な表現で見るかぎり、正反対のことを言っています。この点に関しては、じつはわたしは『「論語」生き方のヒント』（日本経済新聞社、二〇〇〇年）を書いたとき、一つのことに気づきました。『論語』の中で孔子は、

《己《おのれ》の欲せざる所、人に施すこと勿《なか》れ》（衛霊公24）

と言っています。ところが、キリスト教のイエスは、あの有名な「山上の垂訓」において、

《人にしてもらいたいと思うことは何でも、あなたがたも人にしなさい》（「マタイによる福音書」7）

と言っています。孔子とイエスは、言っていることは別段逆ではありませんが、表現に関するかぎり正反対になっています。

そして、キリスト教では、このイエスの言葉を「黄金律」だとしています。また、孔子の「己の欲せざる所、人に施すこと勿れ」を「銀の教訓」としています。つまりキリスト教では、消極的な銀の教訓よりも、積極的な黄金律のほうを高く評価しているのです。

では、イエスの黄金律がいいか、孔子の銀の教訓がいいか、これはまあ好みの問題です。わたしの好みを言わせていただくなら、わたしは孔子のほうが好きです。イエスの言葉には、わたしは押し付けがましさを感じます。

そうですね、たとえばバイキング料理のとき、自分が取って来た料理を、

「これ、おいしいから、一口食べてごらん」

と、仲間に分けてあげる人がいます。あれはイエスの黄金律派です。わたしなどは、バイキングというのは自分の好きな料理を食べるものだから、他人から押し付けられるのはかなわんなあ……と思ってしまいます。欲しければ自分で取って来ます。だから、ほうっておいてほしいのです。わたしは孔子派ですね。

あなたはどちらですか……? いえ、大事なことは、イエス派であれ、孔子派であれ、どちらでもいいということです。完全に好みの問題です。

▼わたしと神との関係と、わたしと隣人との関係は違う

さて、ユダヤ教では、

「自分自身を愛するように隣人を愛しなさい」

と教えていますが、読者はこの言葉をどう思われますか？　わたしはこれを聞いて、

〈それにしても、いささか陳腐《ちんぷ》だなあ……〉

と思いました。ちっとも宗教的ではありません。宗教的といえば、仏教の、

「愛するな！」

のほうが、よほど強烈です。賛成か反対かは別にして、〈おやっ?!〉と思わせられます。

ユダヤ教のこの教えがなぜ陳腐に感じられるのか、わたしは、じつはこの教えは道徳的・倫理的な教えであって、宗教的な教えでないからだと思っています。

ここで、わたしたちは、宗教と道徳の違いについて考えてみましょう。

ユダヤ教は「契約宗教」です。神と人が契約を結ぶことによって成り立つ宗教です。それがC図（次頁）ですが、これがユダヤ教という宗教の基本構造です。

さて、このC図の関係図式において、神は人間にさまざまな命令を発せられます。その命

C図

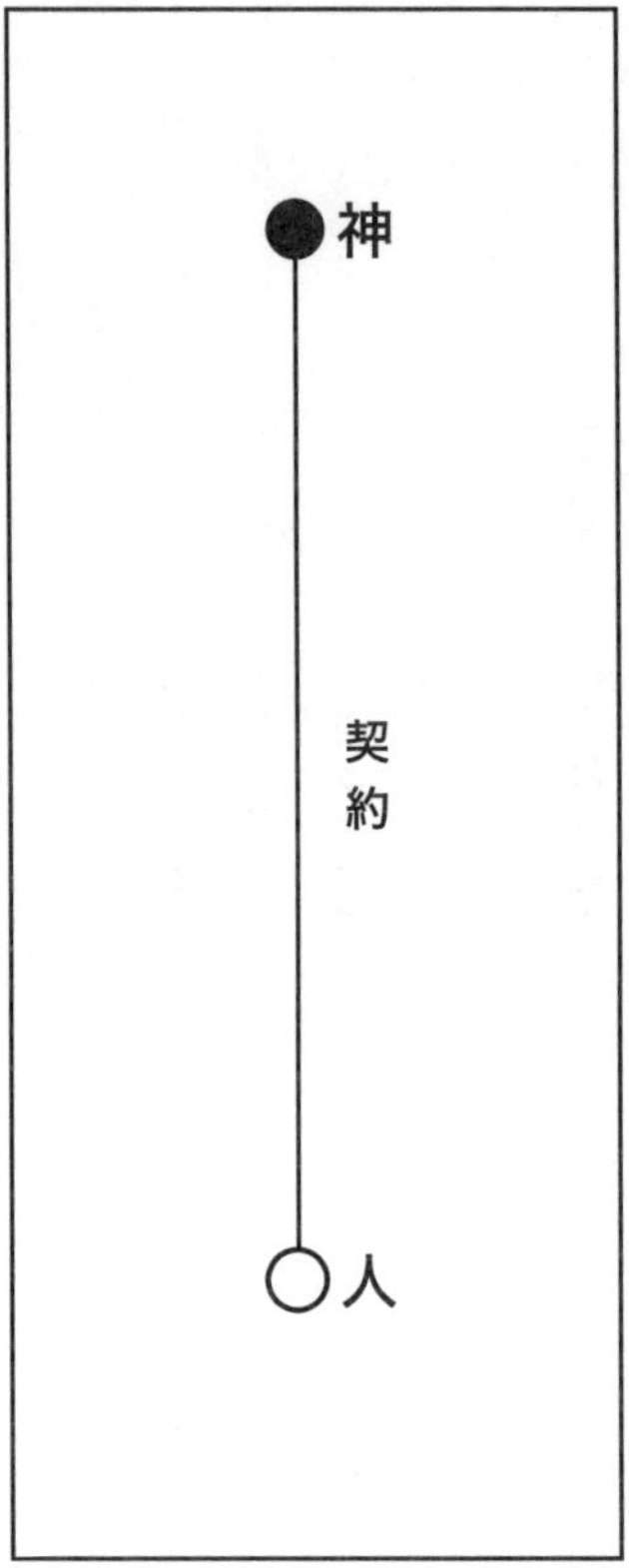

令が律法です。

その律法の基本は「十戒」です。「十戒」は、『旧約聖書』の「出エジプト記」（20）に出てきます。

《神はこれらすべての言葉を告げられた。

「わたしは主、あなたの神、あなたをエジプトの国、奴隷の家から導き出した神である」》

神は預言者モーセにこれらの言葉を告げられたのです。

最初に、神の自己紹介があります。ユダヤ人が契約を結ぶ、その相手の神がどういう方であるかを教えておられるのです。その方は、ユダヤ人を奴隷の家から解放してくれた神です。

次に神は、ユダヤ人に「十戒」を提示します。

《「あなたには、わたしをおいてほかに神があってはならない。

あなたはいかなる像も造ってはならない。上は天にあり、下は地にあり、また地の下の水の中にある、いかなるものの形も造ってはならない。あなたはそれらに向かってひれ伏したり、それらに仕えたりしてはならない。わたしは主、あなたの神。わたしは熱情の神である。わたしを否む者には、父祖の罪を子孫に三代、四代までも問うが、わたしを愛し、わたしの戒めを守る者には、幾千代にも及ぶ慈しみを与える。

あなたの神、主の名をみだりに唱えてはならない。みだりにその名を唱える者を主は罰せずにはおかれない。

安息日を心に留め、これを聖別せよ。六日の間働いて、何であれあなたの仕事をし、七日目は、あなたの神、主の安息日であるから、いかなる仕事もしてはならない。あなたも、息子も、娘も、男女の奴隷も、家畜も、あなたの町の門の中に寄留する人々も同様である。六日の間に主は天と地と海とそこにあるすべてのものを造り、七日目に休まれたから、主は安息日を祝福して聖別されたのである」》

以上の四つの戒が、神と人間とのあいだに結ばれた契約条項です。残りの六つの戒は、やや性質が違っています。

その残りの六つは次の通りです。

《「あなたの父母を敬え。そうすればあなたは、あなたの神、主が与えられる土地に長く生きることができる。

殺してはならない。

姦淫してはならない。

盗んではならない。

隣人に関して偽証してはならない。

隣人の家を欲してはならない。隣人の妻、男女の奴隷、牛、ろばなど隣人のものを一切欲

してはならない」》

この六つの戒は、C図によっては理解できません。

それ故、わたしたちは、この六つの戒の意味するところを知るために、C図を変更する必要があります。その変更したものがD図（次頁）です。

D図において、わたしは三つの関係を持っています。

まず、神との関係です。図では実線で示しています。これは契約関係です。

次に隣人との関係。そして他人との関係。隣人と他人とはどう違うか？　隣人というのは、同じヤーウェの神と契約を結んでいる人です。他人というのは、別の神（たとえばイスラム教のアッラーの神）と契約を結んでいるか、いかなる神とも契約を結んでいない人です。ともかく、ヤーウェの神と契約を結んでいる人が隣人で、結んでいない人が他人です。

そうすると、十戒の最初の四つの戒は、これはわたしと神とのあいだの契約に関する問題です。そして、残りの六つの戒は、わたしと隣人および他人とのあいだでの問題です。すなわち、D図でいえば、タテの関係かヨコの関係かということになります。

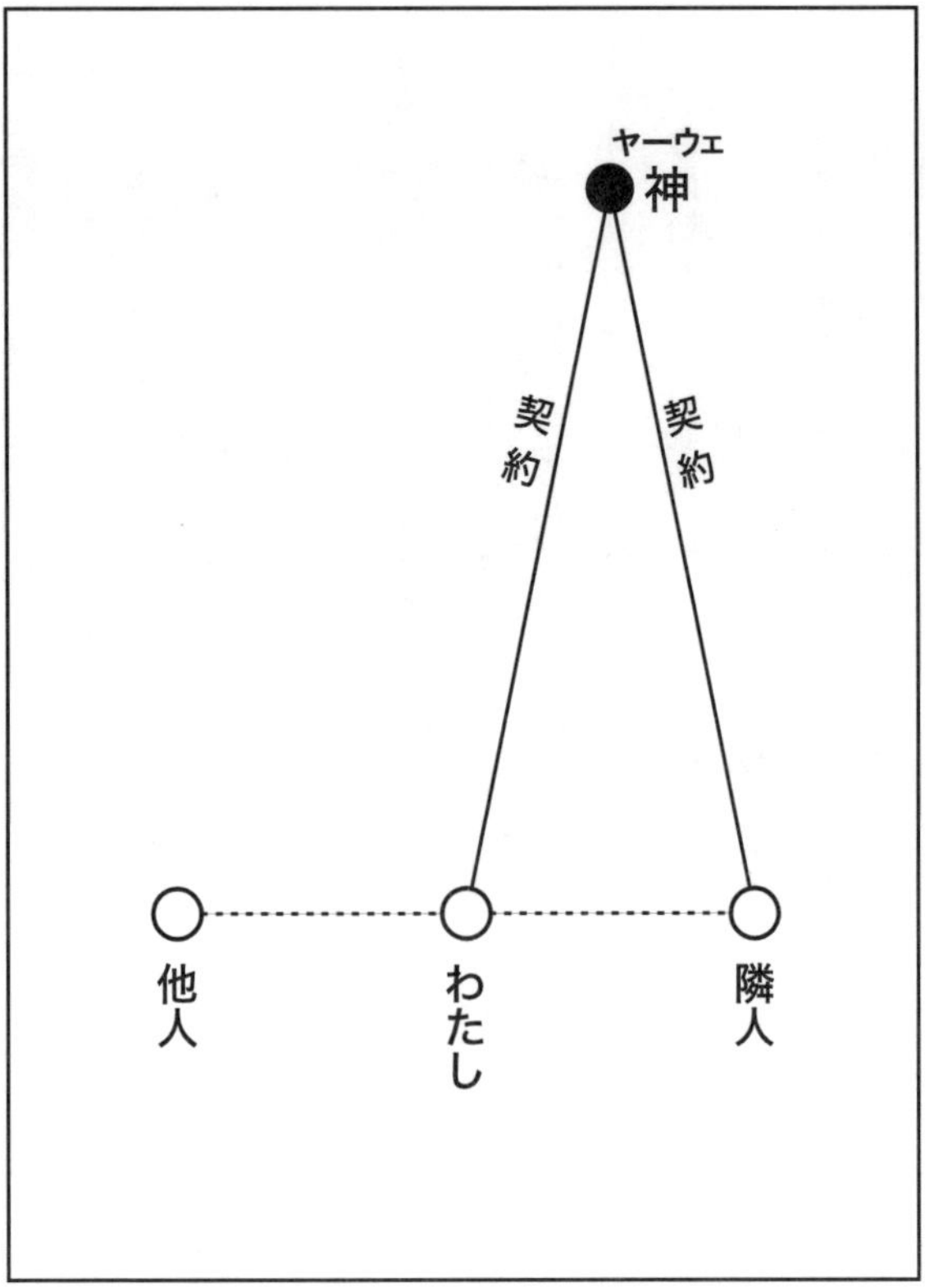

D図

▼ユダヤ教の「隣人を愛せよ」は倫理である

話が少しややこしくなったようです。もう一度、先ほどの問いにたちもどって、

——宗教と倫理の違い——

について考えてみましょう。そうすることによって、問題を整理できそうです。

宗教と倫理は同じものではありません。宗教と倫理は違ったものですが、それがどう違うかは、それぞれの宗教によって異なっているのです。違い方が違うのです。また、〝倫理〟も〝道徳〟も同じものだと考えてください。

そこで、われわれは、まずユダヤ教において宗教と倫理がどう違うかを考えてみましょう。ユダヤ教においては、D図が役に立ちます。D図において実線で示されたヤーウェ（神）とわたし（人間）のタテの関係が宗教です。つまり、契約関係が宗教です。

そして点線で示されたヨコの関係、わたしと隣人、わたしと他人との関係が倫理です。

要するに、神との関係が宗教で、人間同士の関係が倫理です。そのように区別しておきます。

そうすると、モーセの十戒の最初の四つは宗教的な戒めであり、残りの六つが倫理的な戒

めであることになります。

そして、ユダヤ教においては、神は倫理面にまで口を出しておられるのです。その倫理面での戒めは、十戒のうちの六つの戒だけではありません。前章で見たように（一〇五頁参照）、月経中の女性と交じわるなとか、女と寝るように男と寝てはならないとか、食べ物に関してや住居に関してなど、神はさまざまな口出しをしておられます。それがユダヤ教の特色だといえます。

で、このユダヤ教の倫理の基本は、これも前章で見たことですが、

——自分自身を愛するように隣人を愛しなさい——

です。わたしたちはこれを聞いて、〈ちょっと安っぽいよなあ……〉と思うでしょうが、それはこれが倫理だからです。つまり、これは、

「お父さん、お母さんを大切に」

「一日一善」

「小さな親切」

といった類の倫理でしかないのです。安っぽいのは当然です。しかし、いくら安っぽい倫理だといっても、ユダヤ教においては、これは神から命じられたことなんです。その点では、この倫理には絶対的権威があります。

したがって、ユダヤ教徒はこの倫理をせせら笑って聞き流しにするわけにはいきません。日本では、年寄り連中が、

「最近の若い者はなっとらん。わしらの若いころは、年寄りを大事にしたものだ。学校で道徳教育をやらないから、こんな若者になってしまったのだ。道徳教育、修身教育を復活すべきだ」

とぶつぶつ呟いていますが、そんな言葉は聞き流しにすればよい。でも、ユダヤ教で神の言葉を聞き流ししたら大変です。その点を勘違いしないでください。

▼イスラム教の倫理は「目には目を、歯には歯を」

では、キリスト教はどうでしょうか？

キリスト教については、次章でまとめて考察する予定ですので、ここでは触れません。また、仏教についても、第六章に譲ります。

そこで、次はイスラム教です。

イスラム教は、ユダヤ教と同じ図式になります。E図（次頁）です。

イスラム教も契約宗教で、アッラーの神と人間が契約を結ぶわけです。そして、このタテ

E図

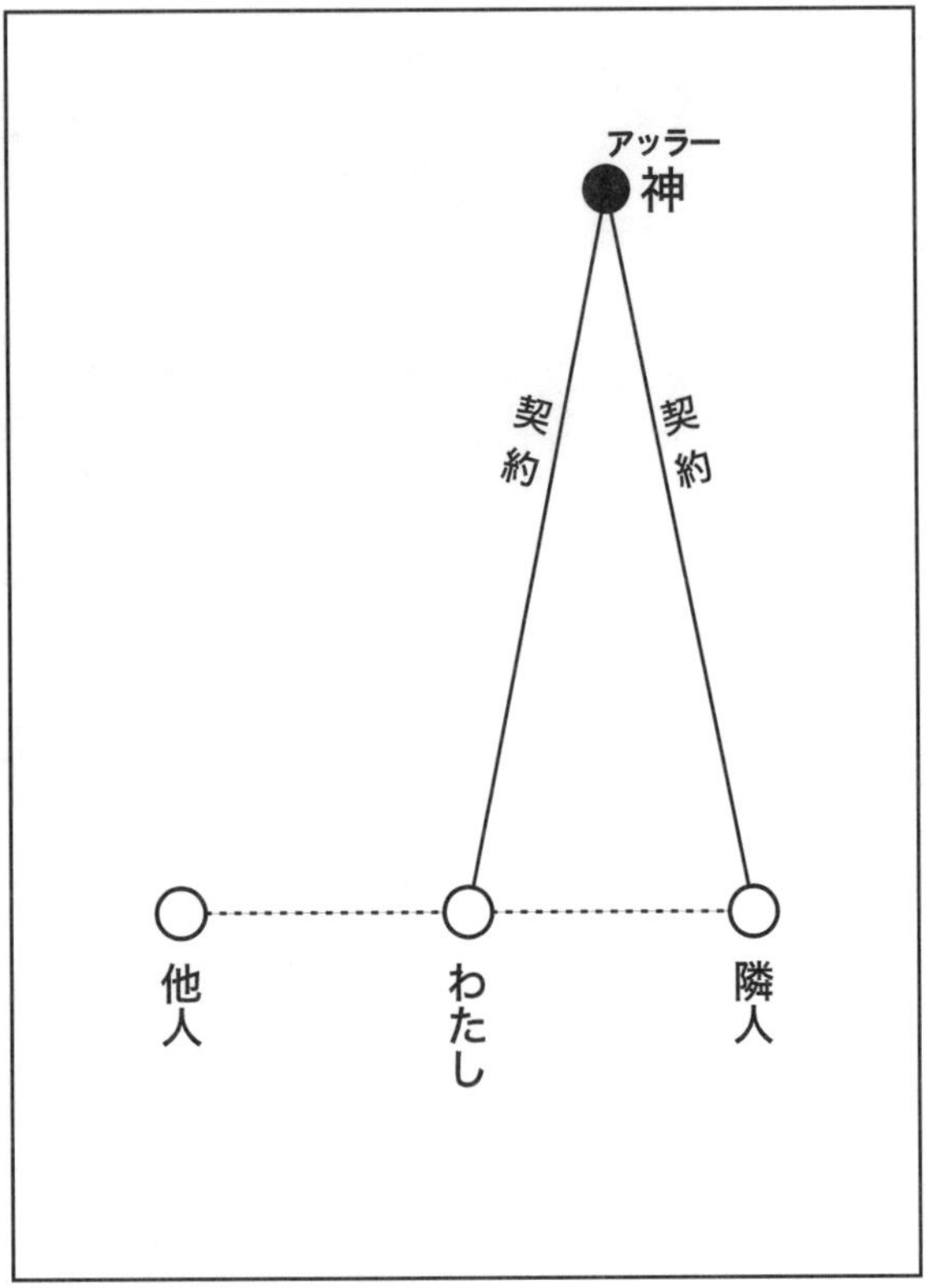

の契約関係が宗教です。

また、同じアッラーの神と契約を結んでいる人が隣人で、別の神と契約を結んでいる人もしくはいかなる神とも契約を結んでいない人が他人です。ここのところもユダヤ教と同じです。

ところで、前章でわたしは、イスラム教では犯罪を大きく二種に分類し、それに対する刑罰も二種に分類されていることを言いました（九六頁参照）。二種の刑罰は、

――神の権利（ハック・アッラー）としての刑罰・人間の権利（ハック・アーダミー）としての刑罰――

です。これがまさに、いまここで言うタテとヨコの関係になります。すなわち、イスラム教では、タテの神に対する犯罪とヨコの人間に対する犯罪とに分類しているのです。

このタテの神に対する犯罪は、前にも言った通り、

――姦通・姦通についての中傷・飲酒・窃盗・追剝ぎ――

の五つです。そして、これに対する刑罰は神が定めておられます。

この五つの犯罪以外は、すべてヨコの人間同士の犯罪です。

そして、この人間が他の人間に対して犯した罪は、全部、

――「目には目を、歯には歯を」――

の原則で処理されます。しかも、これは原則であって、実際には被害者の同意があればそれに相当する賠償金を支払えばいい、というのはすでに述べた通りです。

とすると、イスラム教では、タテの宗教的な犯罪に対しては刑罰があり、ヨコの人間同士のトラブルは倫理的な問題であって、それらは損害賠償（場合によっては同害報復）で解決すればよいことになります。逆に言えば、損害賠償や同害報復によって解決されない問題が、宗教の問題だということになるというのも、これまたすでに述べた通りです。

まあ、ともかく、イスラム教においても、ユダヤ教と同じく、タテの神と人間との関係が宗教であり、ヨコの人間同士の関係が倫理なんです。そして倫理については――ここのところはユダヤ教と違う点ですが――神はあまり口出ししません。おまえたち人間同士のあいだで発生したトラブルは、「目には目を、歯には歯を」の原則にもとづいて、おまえたち人間同士で解決すりゃあいいじゃないか。わしゃ知らんよ……。神はそう言っておられるようです。

もっとも、これは、神が、

「人間同士の問題（道徳）は、〝目には目を、歯には歯を〟の原則でやれ！」

と命じておられると見ることもできます。そうすると、イスラム教においても、道徳や倫理が神によって命じられたものになるわけです。ユダヤ教と同じになります。

▼隣人には愛を！　だが、他人を愛する必要はない

さて、隣人愛です。イスラム教は隣人愛をどのように考えているのでしょうか……？

イスラム教の聖典『コーラン』は、

《信者たちは兄弟である。よって、おまえたち、二人の兄弟のあいだを鎮めよ》（49章10節）

と言っています。〝信者たち〟というのは、同じイスラム教徒です。E図における隣人で、アッラーの神と契約を結んでいる人です。これは「他人」ではありません。

とすると、イスラム教では、同じイスラム教徒同士は肉親（兄弟）であると考えています。すなわち、隣人愛は肉親愛です。そして、この愛は他人（異教徒）には及びません。他人は愛する必要はないのです。

では、愛する必要がないということは、「憎め！」ということでしょうか……。前章でも触れたように（一〇〇頁参照）、キリスト教のイエスは、

《あなたがたも聞いているとおり、「隣人を愛し、敵を憎め」と命じられている。しかし、わたしは言っておく。敵を愛し、自分を迫害する者のために祈りなさい》

と言っています。そして、そこで注記したように、『旧約聖書』には「隣人を愛せ！」と

いった律法はありますが、「敵を憎め！」はありません。そこで聖書学者は、イエスは当時のユダヤに存在したクムラン教団の教えの影響を受けたのではないかと見ているわけです。

たしかに、そういう解釈も可能です。

けれども、ひょっとしたら、ユダヤ教もイスラム教も、「隣人（同じ神と契約を結んでいる者）には愛を」と言っているのですが、これは換言すると、

「他人（異教徒）を愛する必要はない」

ということになるかもしれません。そして、この「他人」を「敵」と解釈し、「愛する必要はない」を「憎め」に置き換えて、

「敵を憎め」

と拡大解釈することも、あるいは許されそうに思います。たとえば砂漠の中で水を持たずに苦しんでいる者に愛（情け）をかける必要がないと言えば、その人を見殺しにすることになります。結果的には憎んだことになりませんか。

ともかくそういう意味で、ユダヤ教やイスラム教の道徳は、

――隣人は愛し、他人は愛する必要がない――

というものです。それが契約宗教の契約宗教たるゆえんですね。契約というものは、前に引いた生命保険会社のコピーではありませんが、

「入った人だけ、守ってあげる」

です。契約を結んだ隣人だけを愛し、非契約者の他人はほうっておけばよいのです。

▼くしゃみをした者に声をかけるのが本当の隣人愛

もう少し、「隣人を愛せ」の内容を見ておきましょう。

わたしたち現代日本人は、「愛」といえば多くは男と女の恋愛を思い浮かべるでしょう。心理的・感情的な愛です。しかし、イスラム教徒の言う「愛」は、もっとドライで、物質的・現実的な愛なんです。

イスラム教においては、

――もてなし（ディヤーファ）――

が大事な人倫の一つとされています。見知らぬ者や旅行者を「客」として迎え、敬意を持って「もてなす」のが、イスラム教徒としての神聖な宗教的義務（道徳）とされているのです。そして、「もてなし」を受けた者は、喜んでそれに応じなければなりません。招待を受けながらその「もてなし」を拒んだり、それに応じても、少ししか食べなかったりすれば、それは相手を侮辱したことになります。

イスラム教においては、この「もてなし」が具体的な「愛」の形となっています。

また、イスラム教の開祖ムハンマドの言行録である「ハディース」においては、ムハンマドは、次の六つの項目をイスラム教徒間の義務だと規定しています。

1　挨拶すること。
2　招待に応ずること。
3　求められたとき、助言すること。
4　相手がくしゃみをしたら、その人のために神に救いを求めてやること。
5　相手が病気になれば、見舞ってやること。
6　死んだら葬式に参列してやること。

このうちの2が、いま説明した「もてなし（ディヤーファ）」です。
また、4には説明が必要でしょう。じつは、くしゃみをすれば、魂が体の外に飛び出る惧れがあるから、横にいた者がその人のためにおまじないの文句を唱えてやらねばならないといった迷信的風習が、世界のあちこちにあります。古代の日本でも、傍にいる者がくしゃみをした者のために、
「休息万病」（くそくまんみょう）
といったおまじないの文句を唱えることになっていたことが、『徒然草』（第四十七段）に出

てきます。インド人の場合は、

「ジーヴァ（生きよ！）」

と唱えることになっていたことが、仏典の中に出てきます。

わたしがスリランカを旅行していたとき、ホテルの中で大きなくしゃみをしたのですが、そのときドイツ人から、

「ゲズントハイト（健康を！）」

と言われました。わたしは「ダンケシェーン（ありがとう）」とお礼を言いましたが、これがドイツの習慣です。イタリア語だと、

「サルーテ（健康を！）」――「グラッツィェ（ありがとう）」

になります。現代日本人は、人がくしゃみをすれば笑いますが、あれは国際的感覚からすれば失礼ですよね。

そこでアラブ人の場合ですが、くしゃみをした人に傍にいた者が、

「神よ、彼を救いたまえ！」

と言うことになっています。ムハンマドはそのことを言っているのです。

まあ、ともかく、これら六つの義務は非常に具体的です。そして、これがほかならぬ「隣人愛」です。口では愛を唱えながら、他人が困っているのを見ても見ぬ振りをしている現代

日本人は、ひとつイスラム教徒の隣人愛の具体性に学ぶ必要がありそうです。愛はお題目ではありません。実行をともなってこそ隣人愛になるのです。その点を力説しておきたいと思います。

▼儒教では、天を知る者が君子で、君子の道徳は礼

儒教が宗教であるかないか、学者の意見は分かれています。どちらかといえば、宗教でないとする意見のほうが強いようです。しかし、わたしは、ユダヤ教やイスラム教で見たタテの宗教とヨコの道徳といった考え方を適用すれば、儒教もまた一つの宗教だと思います。

儒教の場合、神の位置に来るものは、

――天――

です。これは〝天命〟あるいは〝天道〟といった言葉でも呼ばれていますが、何か運命的なものを意味するようです。人間を超えた超越的な力と受け取ってもよいでしょう。

しかし、儒教は契約宗教ではありません。人間はこの天と契約を結ぶのではない。したがって、人間がこの天（天命）に支配されていると読むと、儒教がわからなくなります。

じつは儒教の開祖である孔子は、この天についてあまり語らなかったようです。そのこと

は孔子の弟子の子貢《しこう》が報じています。

《夫子の性と天道とを言うは、得て聞くべからざる也》（『論語』公冶長13）

——先生（孔子）が性と天道、すなわち人間性の問題、天道について語られるのを聞くことはなかった。

なぜ語らなかったかといえば、それは語るべきものではなしに、知るべきものだからです。孔子自身は、

《五十にして天命を知る》（為政4）

と言っているように、この天を知ったのは五十歳ぐらいになってからです。

ところで、儒教においては、人間を二種に分けます。すなわち、

——君子と小人《しょうじん》——

です。これは、エリートと庶民だと思えばよいでしょう。そして、このように人間を二種に分けた上で、ただ君子（エリート）だけが天命を知ることができるとされるのです。小人である庶民は、天命を知ることはできません。

《孔子曰く、君子に三畏《い》あり。天命を畏《おそ》れ、大人《たいじん》を畏れ、聖人の言を畏る。小人は天命を知らずして畏れず、大人に狎《な》れ、聖人の言を侮る》（季氏8）

——君子は三つのものに対して敬虔である。天命に敬虔、大人（＝聖人）に敬虔、聖人の

言葉に敬虔である。小人は天命を知らず、大人になれなれしい態度をとり、聖人の言葉を侮《ぶ》蔑《べっ》する。

そうすると、儒教はF図のような構造になります。

ユダヤ教やイスラム教で同じ神と契約を結んでいる隣人との関係であったものが、儒教では君子同士の関係になります。そして、自分が契約している神と契約を結んでいない他人に対する関係が、儒教では小人との関係になります。小人というのは、天を知らない者です。

そして、君子同士の関係は、儒教においては、

——礼——

になります。その礼の根本は、

——仁《じん》——

です。では、仁とは何かといえば、簡単にいえば、

——人を愛すること——

です。孔子はそう断言しています。

《樊遅《はんち》、仁を問う。子曰く、「人を愛す」》(顔淵22)

樊遅という弟子が、「仁とは何か?」と質問したとき、孔子は「人を愛す」と答えています。だから、仁とは愛です。

F図

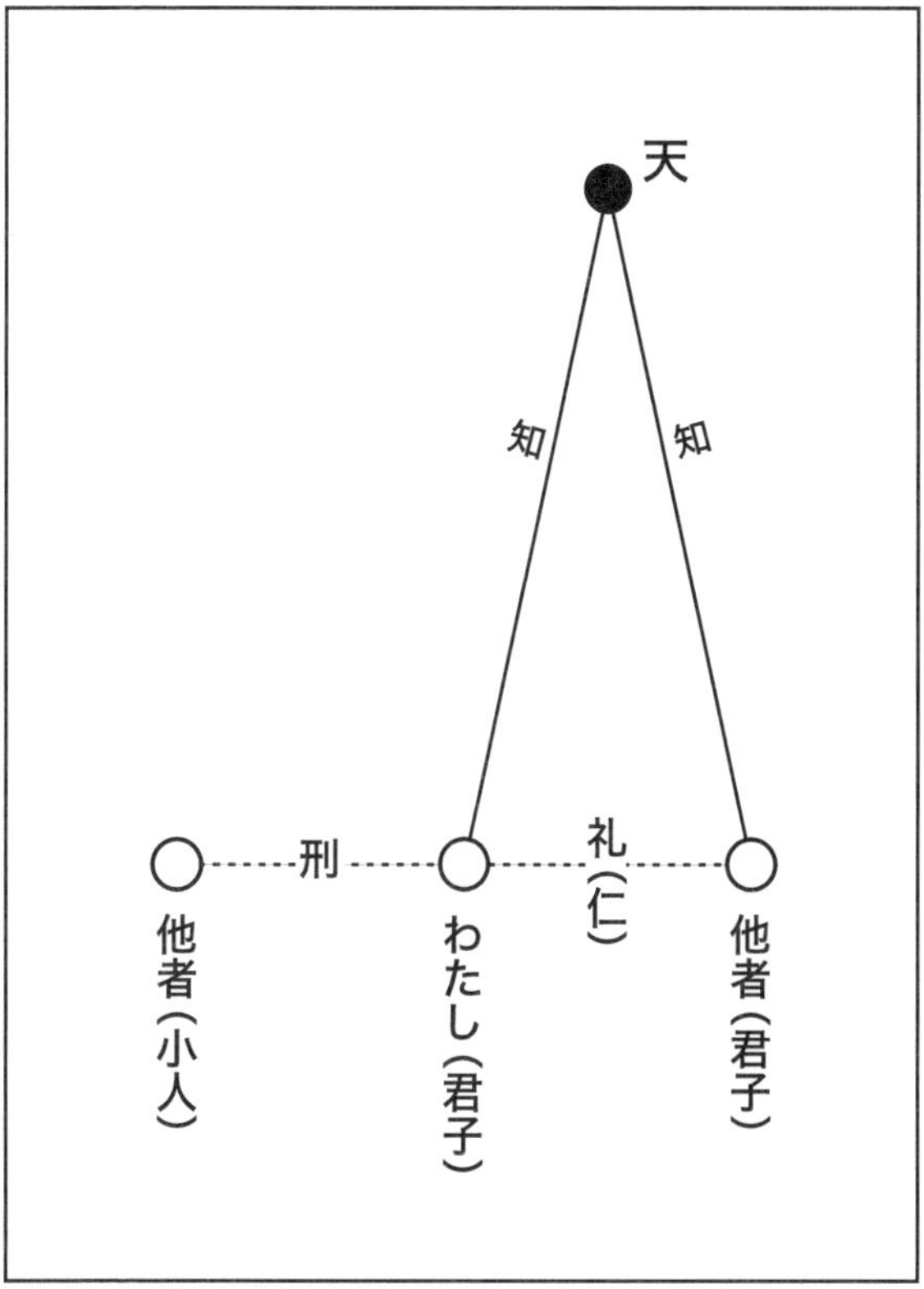

けれども、本書で何度も考察したように、愛するという行為は自己中心的で、対象を束縛します。親が子を愛し、人が恋人を愛するとき、子は親に、恋人は相手に従順であることを要求されます。だが、仁はそういう愛であってはならない。そこで孔子は、仁のうちに、相手に対する、

――思い遣り――

を加えました。それが「恕《じよ》」です。そしてその恕が、前に引用した（一二三五頁）、《己《おのれ》の欲せざる所、人に施すこと勿れ》

です。これは、キリスト教だと「銀の教訓」と呼ばれているものですね。しかし、儒教においては、これが第一原理になるわけです。

問題は、小人との関係です。

すでに考察したように、ユダヤ教においてもイスラム教においても、わたしと隣人、わたしと他人とのあいだは同じ原理が当て嵌《は》まりません。わたしは隣人（同じ神と契約を結んでいる者）に向かっては「愛を」、他人（異教徒）に向かっては「愛する必要なし」となるのですが、儒教においても同様になります。わたしは君子（エリート）に向かっては礼（その内容は仁）でもって対するのですが、小人（庶民）に向かっては「礼でもって対する必要なし」となります。要するに、ヨコの関係は道徳・倫理であって、そして道徳というものは、

本質的に、

――ダブル・スタンダード（二重標準）――

になるわけです。そう考えるなら、儒教はユダヤ教・イスラム教と同じ構造であることがわかりますね。

さて、小人に対しては礼は必要なしということですが、礼でなければ何になりますか……？　じつは、それが、

――刑――

です。びしびし罰則を喰らわせるとよいのです。

この点に関しては、儒教の経典の一つである『礼記《らいき》』に、

《礼は庶人に下らず、刑は大夫に上らず》（曲礼上篇）

といった言葉があります。庶民に対しては、ゴミを落とすな、不倫をするな、嘘をつくなと、いちいち礼を教える必要はありません。ゴミを落とせば罰金を取ればいい。それが儒教の考え方です。だって小人は、天（天命・天道）を知らないのだから、そんな礼を教えてもわかりはしません。礼がわかるのは君子だけです。

ところで、その君子ですが、君子には刑は適用されず、礼だけです。ならば君子は何をやってもいいのか、といえば、それは違います。君子のほうはもっと厳しいのです。たとえば

君子が礼に反する行為をしたとします。すると天子から出頭命令が来ます。そうすると、君子は自殺せねばなりません。疑われただけで君子でなくなるのです。アメリカのクリントン前大統領などは、儒教によると、不倫を疑われただけで自殺せねばなりません。にもかかわらず自殺しなかったクリントンは、結果的には小人なのです。

▼神道においては「滅私奉公」が原理原則

もうこの章は相当に長くなっていますが、最後に神道の構造を見ておきます。

神道というのは、ちょっと風変りな宗教です。誤解を虞《おそ》れずに言えば、神道はタテの関係のない宗教です。わたしたちは、タテの関係を宗教、ヨコの関係を道徳と規定したのですが、それでいえば、タテの関係がないということは、まさに宗教がない宗教ということになります。

タテの関係がないということは、ユダヤ教やイスラム教でいう神、儒教でいう天がないのです。もちろん、〝神道〟という言葉があるように、神という存在は考えられます。しかし、この神はユダヤ教などの神――それは本質的に絶対神であり、超越神であり、この宇宙を創った創造神です――とだいぶ違っていますから、わたしたちはこれを、

——カミ——

と表記しましょう。このカミにはいろんな性格のカミがあり、中には高天原《たかまのはら》といった天界にいるカミがいますが、むしろわれわれにとって重要なカミは、われわれ人と人とのあいだにいるカミです。

神道の理論に関して、ここで詳しいことを論ずるスペースはないのですが、いずれにしろ、カミには実体はありません。だから、G図（次頁）では点線で示してあります。目に見えぬ存在で、それは、

——ケ——

と呼んだほうがよいものです。このケは、ときには〝キ〟とも発音されます。また〝気〟といった漢字で表記されることもあります。

ケ（気）は、人と人とのあいだにケハイ（気配）として存在しています。あるいは空気として存在しています。わたしたちはその場の空気に支配されて、おかしな行動に走ったりするのです。それは、人と人とのあいだに空気としてのカミがいるからです。

その意味では、考えようによれば、天界のカミが空気という地上のカミになって降りて来たのだともいえます。地上に降りたカミが人に祟《たた》りをするときは、それはモノノケと呼ばれます。

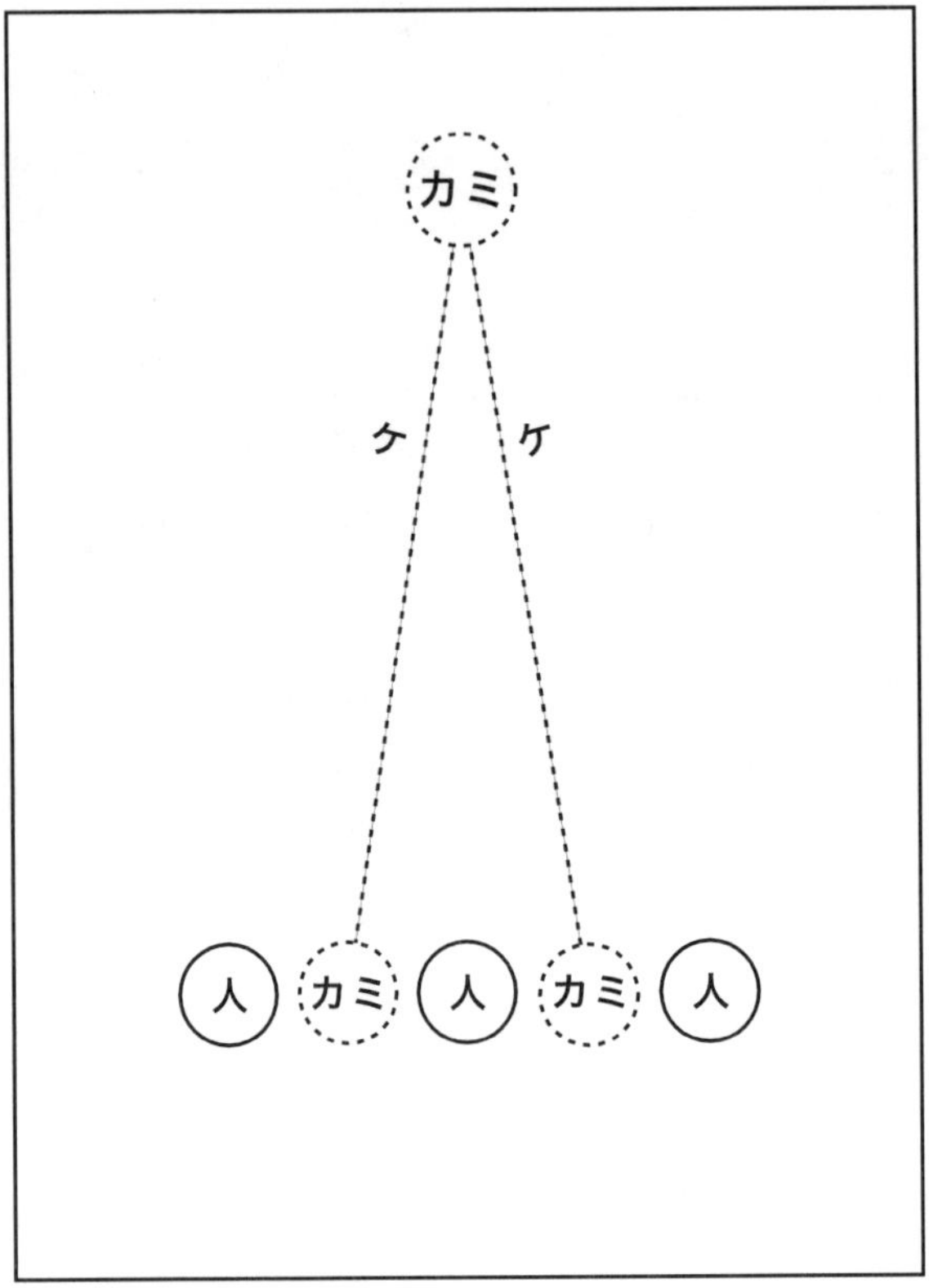

G図

わたしたちは、カミと一緒にお祭りをやると、カミの持っているケ（気）がわたしたちに注入され元気になります。しかし、このケは日常生活の中でだんだんと低下します。そうすると、

――ケガレ（気枯れ）――

の状態になるわけです。ケガレには〝汚れ〟〝穢れ〟といった漢字が宛てられますが、その本来の意味は気《け》が枯れることです。罪や災いによって共同体が危険な状態になるのがケガレであって、これはお祭りをすることによって恢復されます。神道では、ケの反対はハレで、だからお祭りなどにはハレギ（晴れ着）を着るわけです。

人間の共同体では、いろいろと利害の相違や感情の対立があるものです。そのため、共同体の和が乱れ、ケガレます。神道というのは、そのような共同体の和を保ち、ケガレを避け、もしもケガレが生じたときにはすみやかにそのケガレを恢復しようとする宗教です。

だから、神道においては、共同体の利益が優先されるのであって、個人の幸福は犠牲にされることがままあります。いわゆる、

――滅私奉公――

はこのことを言います。公（共同体）のために私（個人）を犠牲にするのです。

では、公とは何か？　じつは、神道は、

です。これはわかりきったことのように思われますが、あんがいに忘れられていることです。

——日本人の宗教——

神道は日本人の宗教だから、まず日本人以外は神道の信者になれません。この場合の日本人というのは、日本国籍ではありません。日本の国籍を持っている人でも、たとえば大相撲の小錦のような人でも、神道から見ると、

「変なガイジン」

にされてしまうことがあるのです。

でも、これは日本の神道だけではありません。インドのヒンドゥー教だって、インド人以外は原則的にヒンドゥー教徒になれないのです。それ故、おもしろいことには、インドの首相だったラジーヴ・ガンディー（一九四四—九一）ですが、彼はインド航空のパイロットをしていたときにイタリア人女性と結婚しました。そのため、インドの首相が南インドのヒンドゥー教の寺院に参拝したとき、首相夫人はヒンドゥー教の寺院に入れてもらえなかったのです。ここのところが、民族宗教の特色です。

それから、神道は日本人の宗教ですから、日本人であれば勝手に神社に祀られてしまうことがあります。靖国神社がその例です。わたしはクリスチャンだから、靖国神社に祀られた

くないと言っても、神社のほうで勝手に祀ってしまいます。共同体の利益が先にあるから、個人の言い分は聞いてもらえないのです。

では、神道において、愛はどのように考えられているでしょうか？

ずばり言ってしまえば、愛はプライベート（私）な問題です。私事《わたくしごと》です。それは個人のうちでやっていればよいことであって、それをパブリック（公）の場に持ち出してはいけません――。神道ではそう考えるようです。

だから、日本では、「女房のヒステリーを鎮めるために、明日、会社を休ませてください」とは言えません。そんなことを言えば、「おまえは阿呆か?!」と言われてしまいます。あるいは、電車の中で抱き合っている若い男女を見て年寄り連中が、顔を顰《しか》めるのも、プライベートな秘め事をパブリックの場で堂々とやっていることに対する腹立ちです。

神道の原則は、徹頭徹尾「滅私奉公」です。愛というものは、神道においては片隅に追いやられてしまいます。そのくせ、神社で結婚式をやります。でも、あれは、二人の愛を祝福しているのではありません。あくまでも共同体のために、子どもを産んでほしいと願っているのです。

とすると、最近の日本の出生率の低下は、若者による神道への挑戦だと見ることもできそうですね。

第五章　敵をも愛せというキリスト教の教え

▼イエスは正真正銘のユダヤ教徒であった

《十八世紀は胸、十九世紀は腰、二十世紀は脚の世紀である。理想は時代とともに下る傾向があるようだ。余談ながら、いつも頭の欠けているのは興味深い》

これは、フランスの小説家、批評家のジャン・リシャール・ブロック（一八八四―一九四七）の言葉です。彼は、美女の理想を言っています。

わたしはこの言葉を、加藤周一氏の著作の中で見つけたのですが、〈なるほど、言われてみればその通り……〉と思ったとたん、別のジョークを思い出しました。

天国の小会議室で、五人のユダヤ人が討論会を開いたそうです。テーマは、

――人間にとっていちばん大切なものは何か？――

です。五人が順に発言しました。

「もちろん、理性だよ。理性が人間にとっていちばん大事だよ」

最初の発言者は、自分の頭を指さしながらそう言いました。この男の名はモーセです。

すると、次の男が、胸を指さしながら、

「いいや、そうではない。人間にとっていちばん大事なものはここにある。愛だよ。愛以上に大事なものはないね」

と言います。彼の名は、おわかりですね。そうです、イエス・キリストです。

第三の男が発言します。彼は胃の部分を指さします。

「人間にとって大切なものは、この胃袋の部分だ。そうだ、食欲である。食欲に代表される物質的な欲望こそ、人間にとって最も大事なものである」

この人も、おわかりになりますね。この人の名は……カール・マルクス。

四番目の男は、もう少し下のほう、すなわちみずからの股間を指して言います。

「いいや、人間にとって最も大事なものは、もっと下にある。性欲だよ、きみ」

この男は、言わずと知れたフロイト。

そして、最後に、五人目の男であるアインシュタインが発言しました。

「なあに、すべては相対的さ」

これはなかなかよく出来た小話ですね。そして、時代とともに下る傾向をよく示しています。頭を指さして理性を強調するモーセ。胸を指さし、愛を強調するキリスト教のイエス。胃袋でもって唯物論を唱えるマルクス。性欲を強調するフロイト。そして、相対性原理を説いた科学者のアインシュタイン。この五人は、日本によく知られたユダヤ人です。

しかし、五人が五人ともにユダヤ教徒であったわけではありません。マルクスは唯物論者であって、信仰とは無関係の人間でした。

では、正真正銘のユダヤ教徒は誰でしょうか……？

そう訊けば、たいていの人はモーセの名を挙げられるでしょう。たしかにモーセは、ユダヤ教にとって重要な人物です。エジプトにおいて奴隷となっていたユダヤ人を率いて、モーセは出エジプトをやってのけました。

けれども、ユダヤ教という宗教は、その出エジプトの思い出を核にして、紀元前六世紀のころに形成された宗教です。それ以前の宗教を、一般に学者は「イスラエルの宗教」と呼んでいますが、その意味ではモーセはユダヤ教徒ではなくなります。

じつは、正真正銘のユダヤ教徒は、イエスなのです。

でも、イエスは、キリスト教の開祖ではないか?! そう言われるかもしれません。

しかし、前にも述べたように、キリスト教というのは、イエスを「神の子」と信じた人々が、イエスの死後につくった宗教です。イエスその人は、キリスト教徒とは言えないでしょう。彼はユダヤ教徒として生まれ、ユダヤ教徒として生き、ユダヤ教徒として死にました。

イエスはユダヤ教徒だったのです。意外に思われるかもしれませんが、そのことをしっかりと確認しておいてください。そうでないと、われわれにキリスト教がわからなくなるでしよう。

▼律法の言葉を人間の都合に合わせて解釈してよいのか？

《わたしが来たのは律法や預言者を廃止するためだ、と思ってはならない。廃止するためではなく、完成するためである。はっきり言っておく。すべてのことが実現し、天地が消えうせるまで、律法の文字から一点一画も消え去ることはない》

『新約聖書』（「マタイによる福音書」5）の中で、イエスはそう言っています。彼は、自分は『旧約聖書』の律法——それがユダヤ教の本質です——に忠実であることを宣言しているのです。

とはいえ、このようなイエスの言葉と裏腹に、律法に関して彼は相当に恣意的な解釈をしています。もっとも、イエスに言わせると、わたしは恣意的な解釈をしているのではない、わたしの解釈が正しい、神の意にかなっているのだ、と言うでしょうが……。

たとえば、いま引用した言葉のすぐあとで、彼はこのように言っています。

《あなたがたも聞いているとおり、昔の人は「殺すな。人を殺した者は裁きを受ける」と命じられている。しかし、わたしは言っておく。兄弟に腹を立てる者はだれでも裁きを受ける。

兄弟に「ばか」と言う者は、最高法院に引き渡され、「愚か者」と言う者は、火の地獄に投げ込まれる》（同）

《あなたがたも聞いているとおり、「姦淫するな」と命じられている。しかし、わたしは言っておく。みだらな思いで他人の妻を見る者はだれでも、既に心の中でその女を犯したのである》（同）

おわかりのように、イエスは、最初に『旧約聖書』の律法を示して、

「しかし、わたしは言っておく」

と、イエスの解釈を示しています。なるほど、イエスの解釈は厳しいですね。旧約では「姦淫するな」と外面的な行動だけを問題にしているのに、イエスは心の中の姦淫までも問題にします。そういう意味では、「わたしは律法を完成させるために来た」とイエスが言ったのは、嘘ではありません。

だが、そうとばかりは言えない点もあります。

たとえば、安息日にイエスは弟子たちを連れて麦畑を通ります。ところが弟子たちは空腹になったので、麦の穂を摘んで食べます。これは明らかに律法違反です。しかし、勘違いしないでください。他人の畑の穂を摘んで食べてはいけないのではなく、安息日にそういう行為をしてはいけないのです。で、ファリサイ派の人々は、イエスを非難します。ファリサイ

派はパリサイ派とも呼ばれ、律法の遵守を唱えている人々です。当時、大きな勢力を持っていました。また、『新約聖書』ではイエスの論敵として描かれています。

このファリサイ派の人々の非難に応えて、イエスは、『旧約聖書』の先例を引いて、それが必ずしも律法違反でないことを明らかにした上で、こう言っています。

《安息日は、人のために定められた。人が安息日のためにあるのではない》（「マルコによる福音書」2）

まあ、たしかにその通りです。腹が減ってくうくう鳴っているのに、安息日だから麦の穂を摘んではならないからがまんするというのでは、何のための律法かと言いたくなります。だが、律法が人のためにあるのだから、なにも空腹をがまんする必要はない、と言ってしまったのでは、そもそも律法なんてなくなってしまいませんか。そうなると、

――人間の都合――

が優先されることになります。人を殺してはいけないという律法はあるけれども、救命ボートに収容できる人間が限られているから、三等船客は殺していいだろう……といったご都合主義が罷《まか》り通ることになりませんか。イエスの発言は、読みようによるととても危険です。

これもおもしろい話ですが、あるときイエスは、ファリサイ派の人間から、あなたの弟子たちは食事の前に手を洗わない、これは律法違反だと非難されました。それに対して彼は、

《口に入るものは人を汚さず、口から出て来るものが人を汚すのである》（「マタイによる福音書」15）

と応じています。また、弟子たちからこの言葉の説明を求められて、

《あなたがたも、まだ悟らないのか。すべて口に入るものは、腹を通って外に出されることが分からないのか。しかし、口から出て来るものは、心から出て来るので、これこそ人を汚す。悪意、殺意、姦淫、みだらな行い、盗み、偽証、悪口《あっこう》などは、心から出て来るからである。これが人を汚す。しかし、手を洗わずに食事をしても、そのことは人を汚すものではない》（同）

と言っています。

このイエスの言葉を読むと、食事の前に手を洗う・洗わないでつべこべ言っているファリサイ派の連中が馬鹿げて見えます。そんな瑣末《さまつ》的なことはどうでもいいじゃないか?! そう言いたくなります。そして、イエスの言っていることに共鳴します。イエスの言葉のほうが合理的です。

ですが、合理的というのは、人間の物差しでしょう。一方、律法は神の掟であり、神の物差しです。人間の物差しでもって神の物差しを批判することは許されるのですか?! 合理主義でもって、神の言葉を自分の都合に合わせて解釈し、修正してもいいのですか?!

そこのところは、むずかしいですね。

▼キリスト教は「契約」の概念を破棄した

要するにイエスは、「旧約」の律法を新解釈したのです。新解釈したから、それは、

――新約――

になります。「新約」とは新しい契約なんです。

その「新約」の基本精神は、わたしは、

――自由――

だと思います。ただし、この場合、〝自由〟というのは勝手気ままではありません。それは文字通りに「自分に由る」ということです。

わたしたちは他人がいいと言うものをいいと思います。それは「他人に由る」であって、「他由」です。あるいは「世間由」もあります。世間の物差しに縛られるのが世間由。それに対して、自分の物差しを持って主体的に判断できるのが「自由」です。イエスはそのような自由の精神でもって、律法を新しく解釈したのです。

その結果、成立したのがキリスト教です。

じつは、ユダヤ教そのものが「自由の宗教」です。

第三章にも述べましたが、ユダヤ人はエジプトで奴隷になっていました。奴隷であったユダヤ人が神と契約を結び、神に導かれてエジプトを出てパレスチナの土地に帰ることができました。つまり奴隷から自由人になれたのです。

だが、彼らは、エジプトにおいてエジプト人の奴隷であった、その奴隷からは解放されましたが、そのとき神と契約を結び、いわば神の奴隷となったのです。つまり、契約によって彼らは神の律法に縛られたわけです。

で、イエスの役割は、その神の奴隷であることからユダヤ人を解放することでした。

イエスは、律法にすら縛られる必要はない。われわれは自由なんだ。そう宣言しました。

もちろん、これは、律法の無価値を言ったものではありません。むしろ、自由こそが律法の真の精神であると言ったのです。

では、なぜイエスは、そんなふうに考えたのでしょうか……?

じつはイエスは、ユダヤ教の「契約」の概念を変えてしまったのです。

ユダヤ教というのは、神と人間が「契約」を結んだ、その「契約」の上に成り立っている宗教です。したがって、神と「契約」を結んでいない人にとっては、その神は何の意味も持ちません。また、神のほうからすれば、自分と「契約」を結んでいない人間はまったく無関係です。その人間が死のうが生きようが、神は何も感じません。冷たいようですが、それが「契約」というものです。

ところが、イエスは違います。彼はそういうふうには考えなかった。

イエスは、

——神はすべての人を愛しておられる——

と考えました。「契約」を結んでいようといまいと、そんなことには関係なく、神はすべての人を無差別平等に愛しておられるというのです。繰り返し引用しますが、

《父は悪人にも善人にも太陽を昇らせ、正しい者にも正しくない者にも雨を降らせてくださる》（「マタイによる福音書」5）

そうすると、どうなりますか？　キリスト教においては、H図（次頁）になります。

まず最初に、神のほうからの愛の働きかけがあります。神が人を愛されたのです。

そして次に、人間は、その神の愛を自覚します。自分は神に愛されているのだと自覚する。その自覚のできた人間がキリスト者です。キリスト教徒です。

だとすれば、キリスト教は、

——自覚宗教——

と名づけることができそうです。このことは、すでに第三章で言及しておきました。キリ

H図

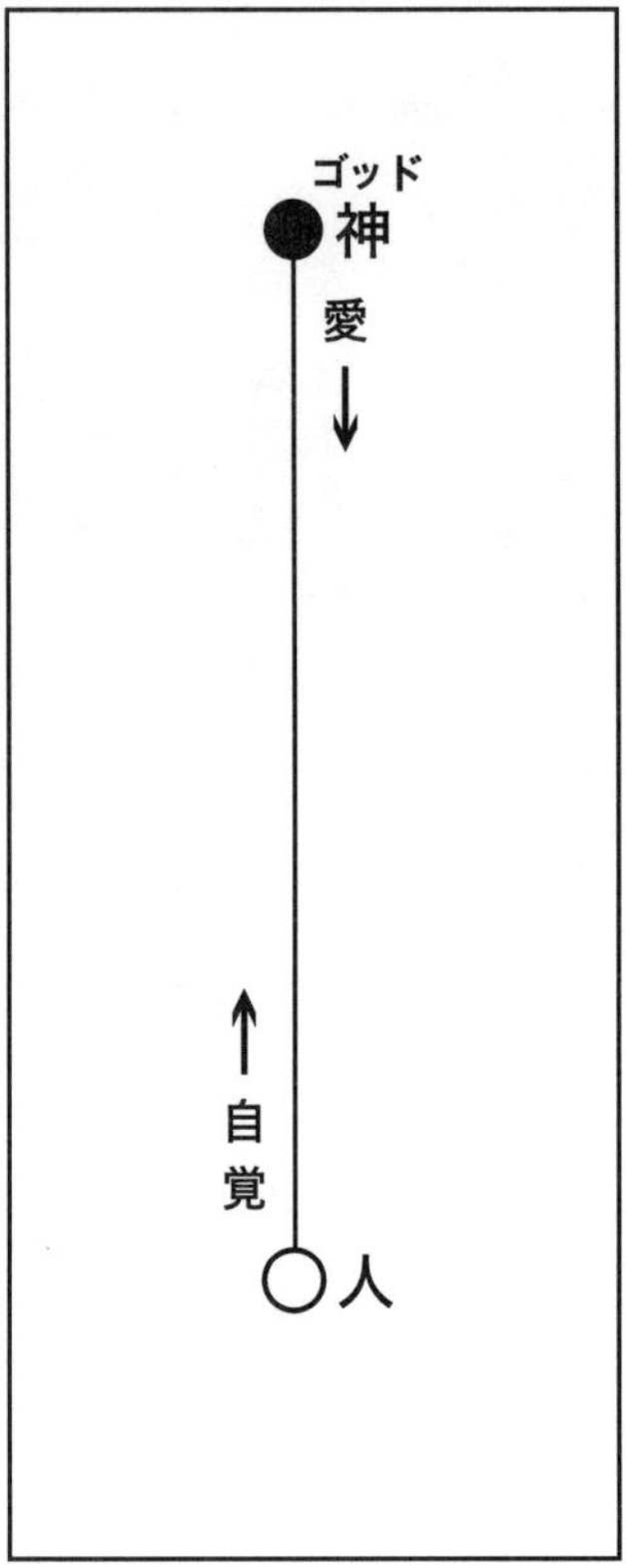

スト教は、「契約宗教」であるユダヤ教とまったく構造が違っている宗教です。

ちょっと長い引用になりますが、イエスの次の言葉を読んでください。神の愛と、その神の愛を信ずる（自覚する）ことの関係が明白に語られています。

《神は、その独り子をお与えになったほどに、世を愛された。独り子を信じる者が一人も滅びないで、永遠の命を得るためである。神が御子《みこ》を世に遣わされたのは、世を裁くためではなく、御子によって世が救われるためである。御子を信じる者は裁かれない。信じない者は既に裁かれている。神の独り子の名を信じていないからである。光が世に来たのに、人々はその行いが悪いので、光よりも闇の方を好んだ。それが、もう裁きになっている》（「ヨハネによる福音書」3）

イエス・キリストの出現そのものが、神の人間に対する愛の証拠なのです。

▼神の愛の上にわれわれ人間の愛がある

さて、キリスト教は「自覚宗教」です。神の愛を自覚できた者がキリスト教徒です。

では、自覚できない者はどうなるでしょうか……？

自覚できない人間を考慮に入れると、H図を描き変える必要があります。すなわちI図に

図1

ゴッド
神

愛 ↙ 愛 ↓ 愛 ↘

他人 ○ ------ ○ ↑自覚 わたし ------ ○ ↖自覚 隣人

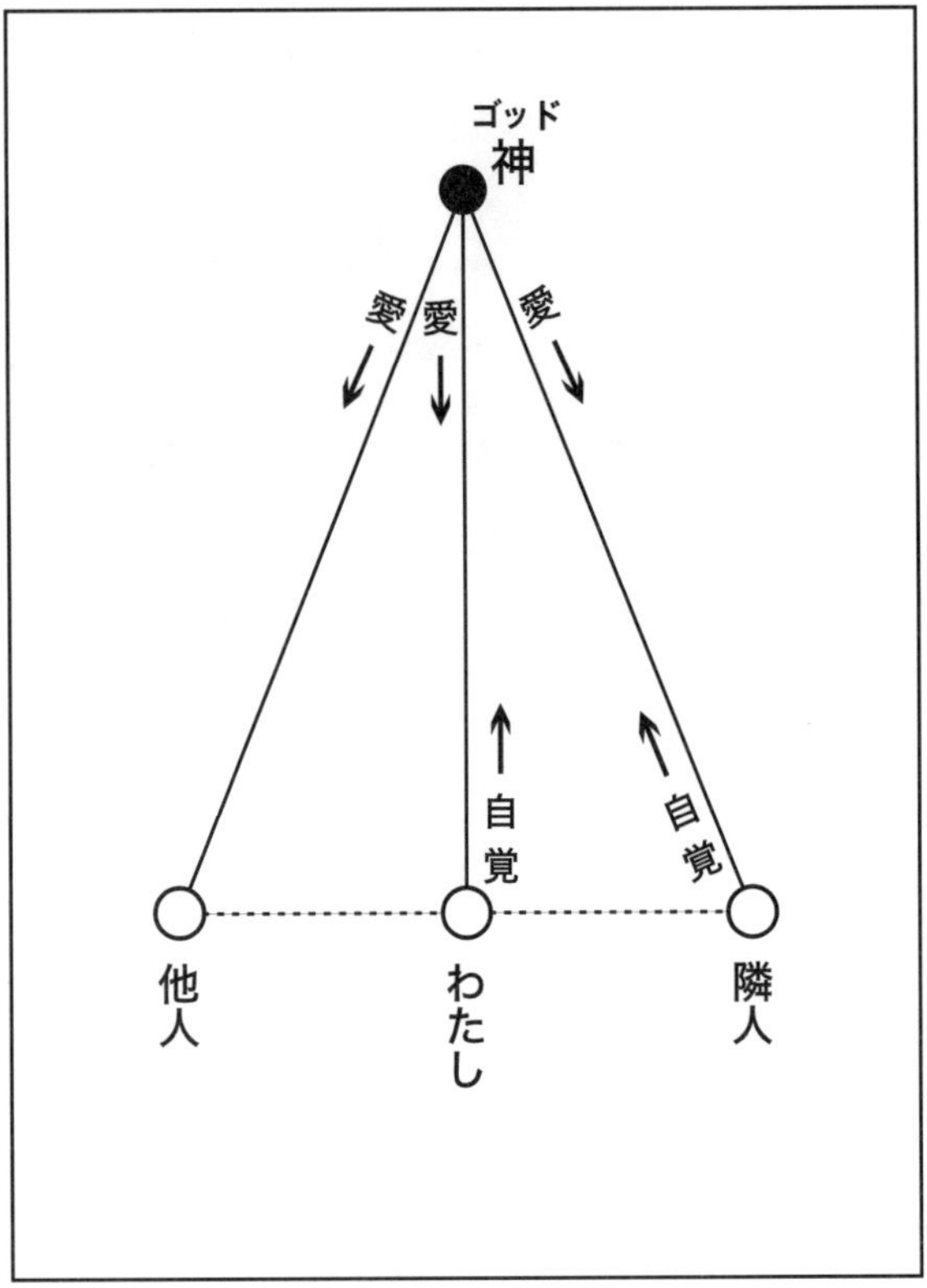

なります。

神の愛はすべての人に及んでいます。わたしにも、隣人にも、そして他人にも神の愛が及んでいます。

ここで隣人といったのは、同じ神（ゴッド）の愛を自覚している人です。すなわち、キリスト教徒。

それに対して他人は、神の愛を自覚していない人です。また、この他人には二種類あって、いかなる神や仏をも信じていない人と、キリスト教の神（ゴッド）以外の神や仏を信じている人がいます。前者は無神論者で、後者は異教徒です。しかし、キリスト教においては、無神論者と異教徒を区別する必要はありません。いずれも神からの愛を自覚していない点においては同等だからです。

では、キリスト教徒の隣人および他人に対する態度はどうなるでしょうか？

それは、すでに引用したイエスの左の言葉になります。

《あなたがたも聞いているとおり、「隣人を愛し、敵を憎め」と命じられている。しかし、わたしは言っておく。敵を愛し、自分を迫害する者のために祈りなさい》（「マタイによる福音書」5）

おわかりのように、わたしたちが〝他人〟と呼んでいる存在を、イエスは〝敵〟と呼んでいます。いささかきつい表現ですが、イエスは他人を「敵」と見た上で、その敵をも愛せ！と命じているのです。だから、イエスは、隣人と他人（敵）を区別していません。すべての他者を愛するのが、イエスの命じたことです。

なぜでしょうか……？　なぜ、わたしたちは他者を愛さねばならないのでしょうか？

それは、イエスがわたしたちに「愛せ！」と命じているからです。すぐ前に言いましたように、神の独り子であるイエスがこの世に出現されたことが、神の人間に対する愛の証《あかし》です。そのイエスがわたしたちに愛を命じているのですから、わたしたちは愛し合わねばなりません。

《わたしがあなたがたを愛したように、互いに愛し合いなさい。これがわたしの掟である。友のために自分の命を捨てること、これ以上に大きな愛はない。わたしの命じることを行うならば、あなたがたはわたしの友である》（「ヨハネによる福音書」15）

ここのところは、「ヨハネの手紙　一」（4）に、次のように示されています。

《愛する者たち、互いに愛し合いましょう。愛は神から出るもので、愛する者は皆、神から生まれ、神を知っているからです。愛することのない者は神を知りません。神は愛だからです。神は、独り子を世にお遣わしになりました。その方によって、わたしたちが生きるようになるためです。ここに、神の愛がわたしたちの内に示されました。わたしたちが神を愛したのではなく、神がわたしたちを愛して、わたしたちの罪を償ういけにえとして、御子をお遣わしになりました。ここに愛があります。愛する者たち、神がこのようにわたしたちを愛されたのですから、わたしたちも互いに愛し合うべきです。いまだかつて神を見た者はいません。わたしたちが互いに愛し合うならば、神はわたしたちの内にとどまってくださり、神の愛がわたしたちの内で全《まっと》うされているのです》

また、このようにも言っています。

《神は愛です。愛にとどまる人は、神の内にとどまり、神もその人の内にとどまってくださいます》（同）

さらに、このように言っています。

《わたしたちが愛するのは、神がまずわたしたちを愛してくださったからです。「神を愛している」と言いながら兄弟を憎む者がいれば、それは偽り者です。目に見える兄弟を愛さない者は、目に見えない神を愛することができません。神を愛する人は、兄弟をも愛すべきです。これが、神から受けた掟です》（同）

▼積極的に愛の手を差し伸べるのがキリスト教

つまり、こういう図式を考えればよいでしょう。J図になります。

まず最初に、神からの愛があります（①）。この神の愛は、すべての人に及んでいます。

次に、わたしはその神の愛を自覚します（②）。わたしがその神の愛を自覚したとき、わたしはキリスト教徒になれるのです。

さて、神の愛を自覚したとき、当然その人はこの神の愛に応えなければなりません。なんらかの行動を起こす必要があります。

それは、神を愛することです。

わたしたちは神に愛されたのだから、神を愛さなければなりません。きわめてあたりまえの論理です。

だが、人間が神を愛することができるでしょうか。神は時間と空間を超越した存在です。ですから、神は時間と空間の上には存在しません。普通の意味では、神は存在しないのです。わたしたちは、存在しないものを愛することはできません。

では、どうすれば、神を愛することができるでしょうか……？

J図

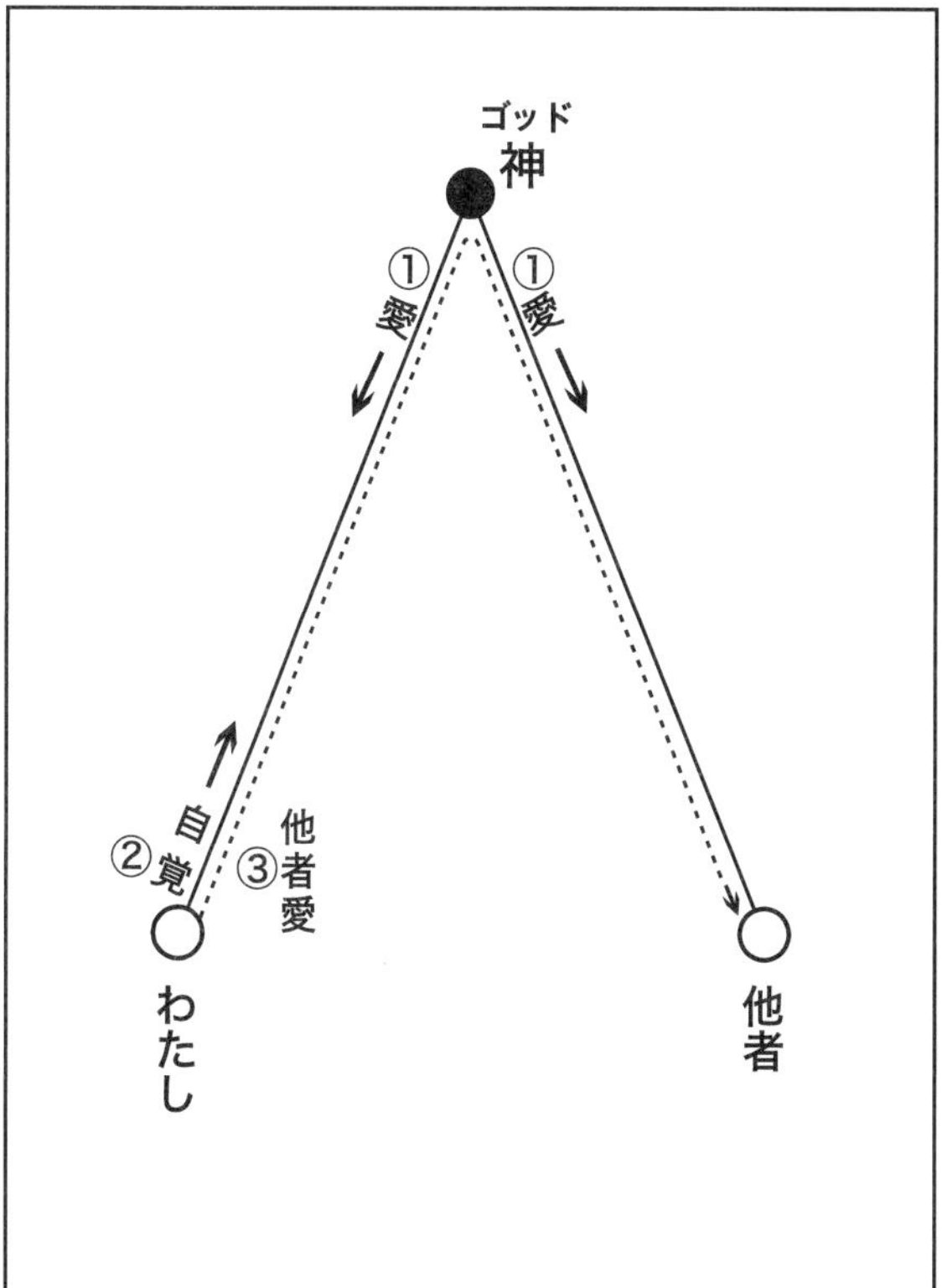
神《ゴッド》
①愛
①愛
②自覚
③他者愛
わたし
他者

それは、神が愛しておられる他者を愛することです。J図の③です。

まさに、神の被造物である他者を愛することによって、わたしたちは神の愛に応えることができるのです。

それがキリスト教の「愛」の構造です。

したがって、キリスト教においては、愛は非常に純粋無垢の愛です。もっとも、現実にそれが純粋無垢になっているかどうかは別問題です。現実にはどろどろとした愛、憎しみと裏腹になった愛のほうが多いでしょうが、宗教の理論としては、キリスト教の愛は人間が神の愛に応えて他者を愛する行為になるのです。だからこそ、それは純粋無垢なのです。

わたしは、いわゆる、

――ボランティア精神――

は、この構造から出て来るものだと思います。援助を必要としている人に救援の手を差し伸べることが、キリスト教徒にとっては神の愛に応えたことになるのです。

ここで、ちょっと脱線になりますが、

――ホスピス――

というものに触れておきたいと思います。わたしはいつか、浄土真宗の僧侶から、「ホスピス活動についてどう考えるか？」と質問されて、

「やめたほうがいいでしょう」

と簡単に答えたもので、だいぶ気を悪くされたことがあります。浄土真宗の方には、わりと熱心にホスピス活動をやっておられる人が多いので、わたしは反感を買ってしまったようです。

しかし、仏教とキリスト教は同じ宗教ではありません。その構造は違っているのです。だから、キリスト教がやっているから仏教も同じようにすべきだ、ということにはならないと思います。

ときに、宗教が目指す真理は一つであって、それは山の頂上のようなものである。宗教の違いは、その登り道の違いのようなものだ、と言われる人がおられます。わたしはその考え方が大嫌いです。だって、仏教とキリスト教とイスラム教の頂点を極めた人がいるでしょうか。その上、神道やユダヤ教、儒教、等々のすべての宗教の頂点を極めた人がいて、その人が、「あらゆる宗教の目指すところは同じである」と言うのであれば、その発言は正しいでしょうが、そんな人がいるはずがないのです。それなら、あらゆる宗教は同じ山頂を目指しているとは言えないでしょう。

それにわれわれは、一つの宗教の山頂まで登れるわけでもありません。仏教の山頂を極めるなんて、わたしには無理です。だとすれば、われわれは登り道を楽しむのです。仏教徒が歩く道と、キリスト教徒が歩く道が違っていて、そのそれぞれの歩く道を大事にするのが宗教者です。それなのに、キリスト教がホスピス活動をやっているから、われわれ仏教者もやるべきだ、と言うのはおかしいのです。

わたしは、浄土真宗の僧侶であれば、

——ただお念仏だけでよい——

と考えるべきだと思います。この点について詳しいことは次章で述べますが、浄土真宗の開祖の親鸞（一一七三—一二六二）はそう教えているからです。浄土真宗の僧侶にクリスチャンのまねをしてほしくない。わたしはそう思ったのです。そして、「ホスピス活動はやめたほうがよい」と発言しました。

▼身寄りのない者に向けられたキリスト教の愛

それと、わたしが指摘しておきたいことがもう一つあります。

それは、キリスト教においては積極的に他人に愛の手を差し伸べるべきでしょうが、誰にその手を差し伸べるかが問題です。

〝ホスピス〟といった言葉を、『大辞林』は次のように解説しています。

《ホスピス〔hospice〕〔もと修道院などの旅行者宿泊所の意〕死期の近い患者を収容して、医療的・精神的・社会的援助を行う施設》

この解説にちょっと触れられていますが、英語の〝ホスピス（hospice）〟といった言葉は、《1（巡礼者・参拝者などのための、特に宗教団体の管理する）宿泊所、休憩所、宿坊。2（学生・若年労働者などのための）宿泊所。3（病人・貧困者などのための）収容所》（『ランダムハウス英和大辞典』）

を意味する語です。つまりホスピスは、身寄りのない人間や一時的に家族と離れた人間（旅行者や学生など）が病気になったり行き倒れになったりしたときに、キリスト教の教会が暖かく援助の手を差し伸べ、収容してやる施設であったのです。現在の病院（ホスピタル）も、そこから生まれて来ました。

いいですか、本来ホスピス活動は、家族のない人間を対象になされるものですよ。

ところが日本では、れっきとした家族がありながら、おやじが末期癌《がん》で入院して、息子が見舞いにも来ないで患者が独りぽつんとテレビを見ています。その老人の心のケアをお坊さんがやろうとしているのです。お坊さんが末期癌のおやじと一緒に、

「夕焼《ゆうやけ》、小焼《こやけ》の
あかとんぼ」

を唄った。するとその老人がぽろりと涙を流した。これがホスピス活動だ。そう得々と話された僧がおられました。

わたしは、その老人の本当の救いは、息子が見舞いに来ることだと思います。でも、なぜ息子が見舞いに来ないか。それは、過去に息子が幼かったとき、おやじの胸に抱きすがって泣きじゃくりたかったこともあったでしょうが、おやじが仕事中毒で単身赴任していて家にいなかった。そのおやじが癌になって見舞いに来いと言っても、

「おやじよ、俺だって仕事に忙しいいんだから……な」

となるでしょう。いわば自業自得かもしれません。

お坊さんの仕事は、そのおやじが元気なときに、

「仕事中毒になるな！　もっと家族を大事にせよ！」

と教えることではなかったでしょうか。それをせずにおいて、息子の代りに童謡を一緒に唄ったところで、そんなものは真の救いにならないと思います。そんな理由からして、わたしは、仏教僧のホスピス活動には賛成できないのです。

まあ、ともかく、現代日本人は家族を失い、全員が身寄りのない人間になっています。長子相続制度の廃止と遺産相続の高税化によって、完全に家族を壊してしまったのです。誰も彼もが身寄りのない孤独老人になって、悩んでいます。

宗教がこの状況を救えるか……?

まずは無理でしょうね。

なぜなら、いまここで検討しているのはキリスト教の「愛」ですが、その「愛」の対象は基本的には身寄りのない孤独な人間に向けられています。家族のある人間は、ボランティア活動にしろホスピス活動にしろ、問題外です。なぜなら、家族があれば、よほどおかしな家族でないかぎり、人間は孤独に悩むことがないからです。

ということは、現代日本の家族は、よほどおかしな家族になっているんですね。

▼あるがままの人間を愛するのがキリスト教の愛

話を元に戻します。

キリスト教における愛は、神から愛された人間が、その神の愛に応えて、神が愛しておられる他者を愛することです。いわばここでは、

——他者イコール神——

になっています。神は時間と空間を超越した存在であって、われわれの認識の対象とはなりません。われわれが神と認識できるものは、その神の被造物である他者になります。その

他者を愛することが、ほかならぬ神を愛することになります。それがJ図でありました。

とすると、ここで、われわれは重要なことに気づくべきです。それは、

——神の被造物である他者を、われわれは自分勝手な物差しで差別してはならない——

ということです。

たとえば、美人と不美人を差別することです。われわれは勝手な物差しで美人と不美人を選別します。その物差しは、時代によって、あるいは国によって違っています。アメリカ人はマリリン・モンローを美女と見るでしょうが、イヌイットは彼女を不美人と評価するそうです。本多勝一さんが報告していました。いや、美人かどうかは、人によっても違います。アメリカ人の全員がマリリン・モンローを美女とするわけではありません。わたしたちの物差しは、所詮自分勝手です。

だが、キリスト教の考え方によると、わたしたちがそんな自分勝手な物差しを振り回わすこと自体が許されないのです。なぜなら、ほかならぬ神が、美人を美人として造られ、不美人を不美人として造られたのです。いや、そういう言い方もおかしい。神の脳裡には、美人も不美人もありません。神はその人を、そのあるがままに造られたのです。ですからわたしたちは、その人をそのあるがままに愛するのが、神の愛に応える愛なのです。

頭のいい子を、頭のいい子として愛する。同時に、勉強のできない子を勉強ができないそ

のままで愛する。それがキリスト教の愛だと思います。

要するに、人間を、

——そのあるがままに愛する——

ことです。ハンディキャップのある人を、神がその人にハンディキャップを与えられたのだから、ハンディキャップのあるままに愛するのが、神の愛に応える人間の愛でしょう。

そして、そのことは同時に、自分自身についても当て嵌まります。自分が病気になれば、その病気は神が与えてくださったものです。なぜ神がわたしを病気にされたのか、それは神のみが知っておられることです。つまりGod knows……であって、わたしたち人間にはわかりません。なんらかの理由があって、神はわたしを病気にされた。わたしは、それを神の意思として受け取ればいいのです。ある意味では感謝すべきです。

あなたが嫉妬深い人間だとすれば、神があなたを嫉妬深くされたのですから、それをそのまま受け容れるべきです。

ここまで来れば、ちょっと言い過ぎの可能性もあります。しかし、論理的にはそうなるのであって、この論理的なところが大事です。どうも日本のキリスト教徒は、論理的であることができず、「人間的」であろうとします。神よりも人間の都合を優先させるのです。それじゃあ、神の絶対性が否定されてしまいます。いちど極端なまでに論理を推し進める必要があります。そうすることによって、キリスト教の本質が見えてくるのです。

▼人間関係には神は口出ししないキリスト教

さて、自分自身であれ他人であれ、その人のあるがままを愛するのがキリスト教における愛でありますが、第三章にも述べたように、これはあくまでも理想論です。現実にそれが実践できるかとなれば、まずは無理でしょう。「汝の敵を愛せ！」と言われても、競争社会においては仲間ですら愛することがむずかしいのですから、敵を愛することなど不可能です。

そうすると、どうなりますか……？

キリスト教においては、人間同士の愛は宗教と無関係になってしまうのです。それがK図です。

わたしたちは第四章（一四三頁）において、宗教と倫理の違いを学びました。

宗教とは……超越者（神）と人間との関係（タテの関係）をいい、

倫理とは……人間と人間との関係（ヨコの関係）をいう、

と区別したのです。K図の左側がそのタテの関係であり、右側がヨコの関係です。

そして、ユダヤ教においては、このタテの関係とヨコの関係——つまり宗教と倫理——が

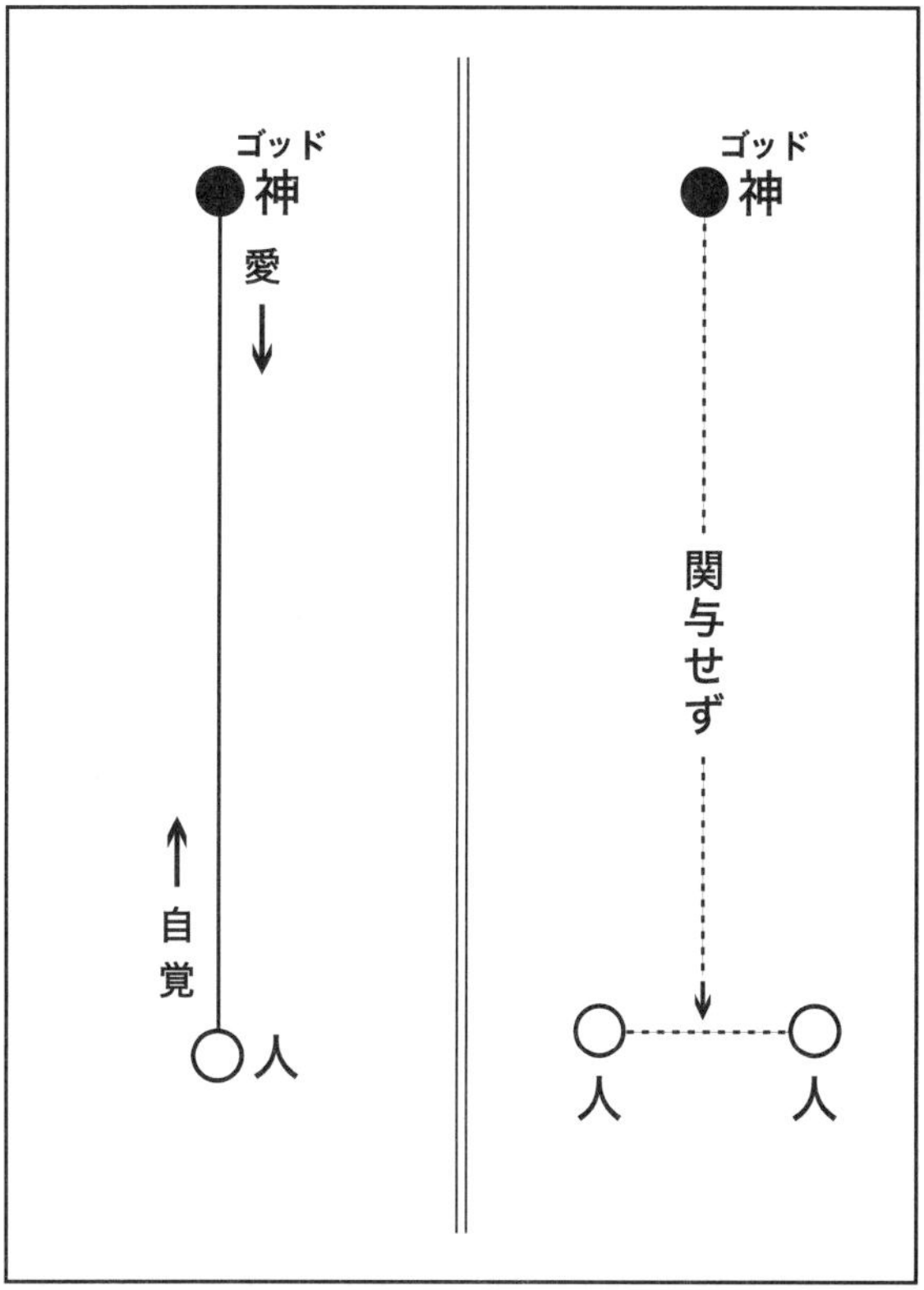

K図

密接に連繋していました。神は倫理面にまで口出しをされているのです。したがって、倫理がたんなる道徳ではなしに、宗教倫理になっているのです。

ところが、キリスト教においては、K図に示したようにタテの関係とヨコの関係がまったく切れてしまったのです。

もちろん、原理的・論理的には、J図（一八五頁）のように神は人間に向かって、「他者を愛せ！」と言っておられます。けれども、キリスト教においては神と人間とのタテの関係は契約関係ではありません。このタテの関係は、あくまでわたしが神の愛を「自覚」することによって成立する関係です。自覚しない者には、神は無関係の存在になってしまいます。

契約関係であれば、神の言葉は命令になります。ユダヤ教においては、神がわれわれに、

「隣人を愛せよ！」

と言われたならば、それは神の命令（律法）であって、われわれはそれを無視できません。

だが、キリスト教には契約概念がありませんから——少なくとも稀薄ですから——神の言葉はユダヤ教ほど強い命令でなくなります。どういえばよいか、まあ神からの期待ということになりそうです。

かくて、人間と人間とのあいだの倫理には、神はまったく関与されないことになります。

もちろん、イエスの、

《わたしが来たのは律法や預言者を廃止するためだ、と思ってはならない。廃止するためではなく、完成するためである。はっきり言っておく。すべてのことが実現し、天地が消えうせるまで、律法の文字から一点一画も消え去ることはない》(「マタイによる福音書」5)

といった言葉からわかるように、キリスト教においてもヨコの関係である律法(宗教倫理)がなくなったわけではないのです。本当は残っているのですが、しかしキリスト教徒はそれを理想論にしてしまい、現実にはそんなことは無理であるとして、まあいわば「自由」にしてしまったのです。

▼イエスの教えは、あらゆる人に慈悲をかけよ!

前にも言いましたが、キリスト教は「自由の宗教」です。ユダヤ教においては、人間はいわば神の奴隷であります。神の奴隷となることによって、エジプトで肉体奴隷となっていたユダヤ人は奴隷の境地から解放されたのです。その神の奴隷であることからも解放されて、人間が自由になったのがキリスト教。したがって、キリスト教の本質は「自由」の二文字にあります。

だから、人間関係について神は無用な口出しをされない。人間は自由にやればよろしい。

キリスト教でそう考えたとしても、むしろ当然といえるでしょう。

でも、自由ということは、ある意味で危険です。

なぜかといえば、自由になれば、そこでは、

――人間の都合――

が優先され、幅をきかすことになるからです。

わたしたちは、自分に利益を与えてくれる者を愛することはできますが、自分の不利益になる者を愛することはできかねます。たぶん、憎むのではないでしょうか。このように、愛と憎しみは人間の勝手な都合に依存することになります。

となれば、愛は醜いものです。

その愛の醜さをいちばんよく知っていたのが、釈迦ではなかったでしょうか。だから、釈迦は、

「愛するな！」

と教えたのです。愛と憎しみは、いわばコインの裏と表であって、人間は愛するが故に憎むのです。愛を離れることによって、憎しみからも離れることができます。

いや、キリスト教のイエスだって、そんな人間のご都合主義的な愛を推奨しているのではありません。神は善人にも悪人にも等しく太陽を昇らせ、正しい者にも正しくない者にも等

しく雨を降らせておられる。その神に倣《なら》って、あなたがたは味方だけではなしに敵を愛するようにせよ！　自分を愛してくれる者だけを愛したところで、それは異教徒だってやっていることだ。そんなものは愛ではない——。イエスはそう断定したのです（「マタイによる福音書」5）。

だから、ご都合主義の愛を〝愛〟と呼ぶのであれば、イエスだって釈迦と同じように、「愛するな！」と教えたに違いありません。わたしはそう考えます。

要するにキリスト教でいう愛は、神の愛に応える形で、わたしたちが神が愛しておられる他者を愛することです。神はすべての人を愛しておられます。だから、わたしたちは、すべての人を等しく愛するのです。この人は味方だから愛する、この人は敵だから愛さない、憎む、というのは人間の都合によるものです。そんな愛を、イエスは〝愛〟とは呼ばないでしょう。

問題は、〝愛〟といった言葉です。イエスが言ったような愛を、仏教では〝慈悲〟と呼びます。

イエスの言ったことを正しく理解するためには、むしろ仏教の言葉によったほうがよいでしょう。すなわち、イエスは、

「愛してはいけない！　あなたがたは慈悲のこころを持って他者に接しなさい！」

そう教えたのだと理解すべきです。

こういう言い方は、たぶんキリスト教徒には気に入らないだろうと思います。なんだかキリスト教の教理そのものを否定されたように感じるからです。でも、わたしは、キリスト教の教義を否定しているのではありません。言葉の問題を言っているのです。

〝愛〟という言葉を使ったからいけないのです。

ついでに言っておけば、日本においてキリスト教徒が〝ゴッド〟を〝神〟と訳した、これも大きな誤訳です。

日本語の〝神〟は、超越神ではありません。唯一絶対の神ではなしに、それは、――八百万《やおよろず》の神――です。高天原《たかまのはら》の神もいますし、靖国神社の神もいます。いや、巷には野球の神さまや麻雀の神さまもいます。泥棒の神さまもいるんです。また、ご先祖さまの集合霊である神さまもいます。

だから、十六世紀のキリシタンは、これを〝神〟と訳さず、初期には〝大日《だいにち》〟と訳していました。仏教、とくに真言密教の大日如来を訳語にしたのです。もっとも、それでは仏教と区別がつきませんから、のちには〝でうす〟と原語のままに呼んでいました。

ところが、明治になって再び伝来したキリスト教では、誤訳としかいえない〝神〟という言葉を選んでしまった。まったく言葉のセンスがなかったのです。それでキリスト教がどれだけ損をしているか、測り知れないものがあります。

同様に、〝愛〟も誤訳です。そのことについては第二章の最初に指摘しておきましたが、キリシタンがわざわざ〝ご大切〟と訳していたものを、明治になってキリスト教徒が不用意にも〝愛〟と訳してしてしまった。そこがおかしいのです。

やはり〝慈悲〟という言葉にすべきであった。わたしはそう思います。

イエスの教えは、

――あらゆる人に慈悲をかけよ!――

であった。そのような結論になるでしょう。そのような結論でもって、この章を閉じることにします。

第六章　苦しみをじっと見つづける仏の慈悲

▼イスラム教は有線テレビで、キリスト教はＮＨＫ

ユダヤ教とイスラム教は、たとえて言えば、

――ケーブル・テレビ（有線テレビ）――

です。もっとも、実際の有線テレビは、複数のテレビ局と契約を結ぶことになっていますが、ユダヤ教とイスラム教の場合は、視聴者は一社（一つの神）とだけしか契約を結べません。契約を結んだ一つのテレビ局のテレビしか見られない。また、テレビ局（神）のほうも、契約を結んだ者にしか映像を送らない。そういう構造になっていると考えてください。

それに対してキリスト教は、

――無線テレビ――

です。キリスト教の神である放送局は誰にでも電波を送っています。受信装置を持った者は誰でも電波を受け取ることができます。

では、仏教はどうでしょうか？　この譬えでいえば、仏教もまたキリスト教と同じく、

――無線テレビ――

です。仏はあらゆる人に電波を送っておられるのです。

それ故、ユダヤ教とイスラム教は、これまで何度も指摘したように、

――契約宗教――

です。その根底にあるのは「契約」概念です。それに対して仏教とキリスト教は、

――自覚宗教――

です。仏教の仏、キリスト教の神（ゴッド）が送っておられる電波を受信しようと「自覚」して、チャンネルをそこに合わせた者が仏教徒・キリスト教徒となります。ここではあくまでも「自覚」が大事です。というより、「自覚」するだけでよい、と言ったほうがよいでしょう。

ところで、仏教とキリスト教はまったく同じか？　と問われるならば、そこに少々の差があることを言っておかねばなりません。わたしは、その差を、仏教は、

――民放（民間放送）――

で、それに対してキリスト教のほうは、

――NHK――

と呼んでいます。なかなかうまい譬喩《ひゆ》ですよね。いや、自分で褒めてはいけませんね。

ご存じのように、「放送法」第三二条には、

《協会の放送を受信することのできる受信設備を設置した者は、協会とその放送の受信についての契約をしなければならない》

とあります。ここで〝協会〟というのは日本放送協会、すなわちNHKです。契約をしなければならないというのは、要するに受信料を払えということです。もっとも、この受信料の不払い運動をやっている人もいますが……。

じつは、キリスト教は基本的には自覚宗教なんですが、そのどこかに「契約」概念があります。神の愛を自覚した者は、その神と契約を結ぶべきだ、といった考えがあるのです。具体的には洗礼を受けるわけです。

そして、このことは本書のテーマとあまり関係はないのですが、あえて触れておけば、神はすべての人を愛しておられるのだから、神に愛されているすべての人がその神の愛を自覚し、神と契約を結ぶべきだ、といった考えがキリスト教の論理のうちにあります。まさにNHKの論理です。つまり、地球上のすべての人類がキリスト教徒になるべきだ――というのです。なぜなら、神はすべての人を愛しておられるからです。

これはちょっと怖い論理ですね。たとえば日本であれば、日本人はみんなキリスト教徒にならないといけない、というのです。日本人が仏教徒でいるのはけしからん。仏教徒が、本来は神の土地である日本を掠奪しているのだ、となります。それで宣教師を送って来るのですね。その宣教師の背後には軍隊がいます。
じつは、十字軍というのがそれでした。「あの土地は神のものだ。それをイスラム教徒が掠奪している。奪還せよ！」ということで、イスラム教徒が平和に住んでいたエルサレムにキリスト教徒の遠征軍が押しかけて行ったのです。しかもその軍隊の多くはならず者、無頼漢であり、彼らは殺人、強姦をほしいままにします。イスラム教徒のほうはびっくりです。どういう理由でやって来るのか、さっぱりわかりません。それはあたりまえです。だって、「全地球は神のものだ」といった論理は、ユダヤ教やイスラム教の「契約」の論理からは絶対に出てこないからです。
でも、さすがにキリスト教のほうでも、この論理の手前味噌に恥ずかしくなったのでしょう。一九五八年のガーナにおける世界伝道会議以後は、海外伝道に関する考え方を変更しました。つまり、それ以前は、
海外伝道とは……キリスト教世界を拡張し、失地回復をはかること。
と考えられていたのですが、それ以後は、
海外伝道は……神がみずからの世界に対して働きかけられる、その「神の伝道」に人間が参加させてもらうこと。
と変更したのです。しかし、それでも、全地球が「神の土地」だとする考えは、キリスト

教の根底にあることは否定できません。

▼大乗仏教には「契約」の概念がない

さて、仏教です。仏教は民放だとわたしは言いました。そうなんです、仏教にはまったく「契約」の概念はありません。

いや、小乗仏教は違います。小乗仏教というのは、大乗仏教が興起する以前の、出家修行者を中心とする仏教でした。この段階での仏教は、宗教というより哲学学派のようなものでした。仏教が本当に宗教になったのは、大乗仏教になってからです。

ともあれ、小乗仏教は出家修行者を中心とする仏教です。だとすれば、出家して仏教教団の一員となるということは、一種の契約行為です。それ故、小乗仏教には契約概念があったわけです。

そして、大乗仏教になっても、出家者（僧侶）はいます。この僧侶に関するかぎり、大乗仏教においても契約概念が残っています。

しかし、問題を在家信者に絞りましょう。そうすると、大乗仏教においては「契約」といった考え方はなくなります。大乗仏教の基本図式はL図になりますが、ここには「契約」概

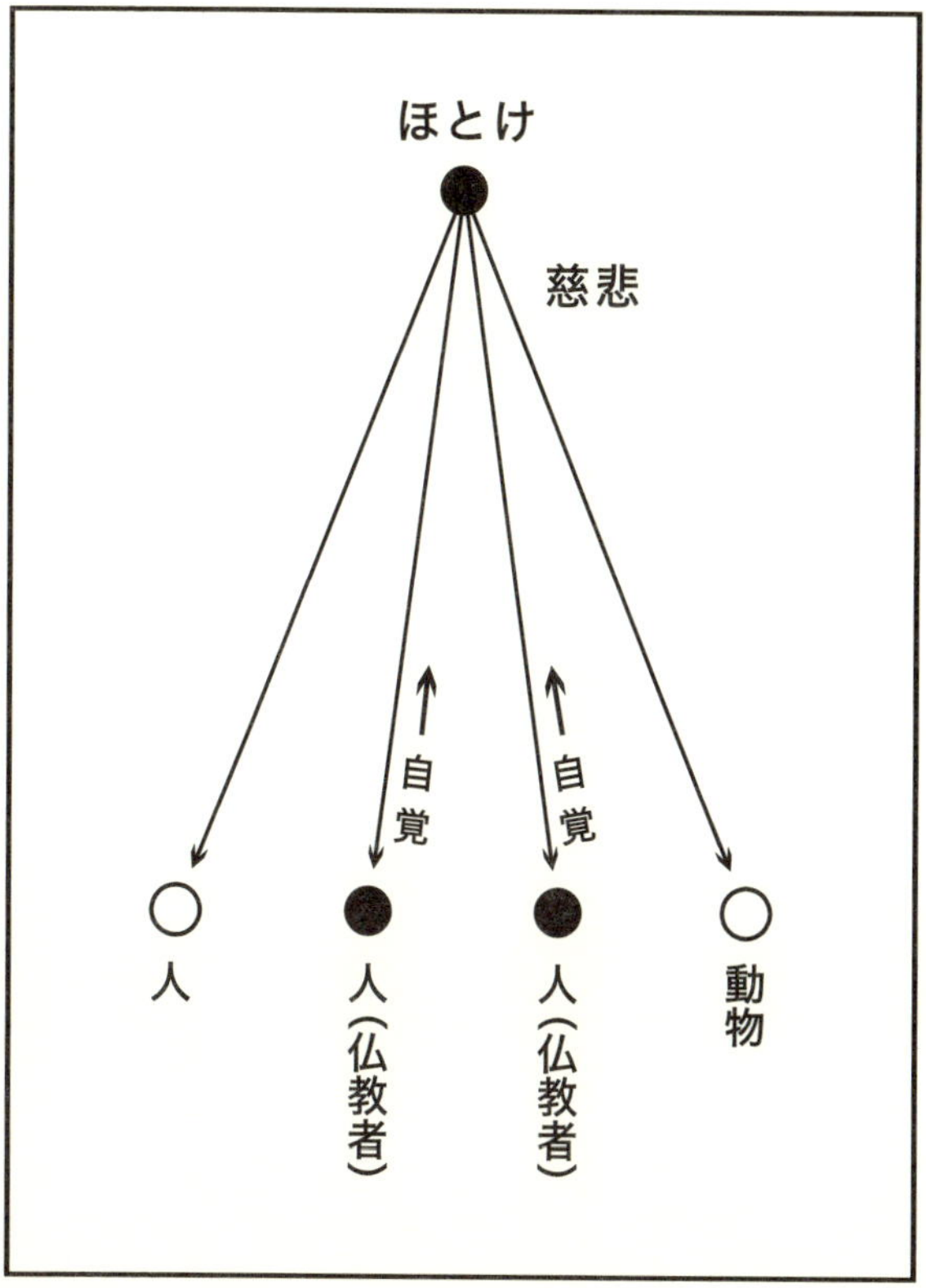

L図

念はありません。われわれは誰もがほとけの慈悲に照らされています。そして、そのことを自覚した者が仏教者です。ただ自覚するだけでいいのです。

それから、L図において注意していただきたいのは、ほとけの慈悲に照らされているのは人間だけではないということです。そこに動物までもが含まれています。

ユダヤ教・キリスト教・イスラム教においては、神と契約を結べる存在は人間だけです。動物はそこから外されています。

しかし、仏教においては、ほとけの慈悲にあずかっているのは、

——一切衆生《いっさいしゅじょう》——

です。〝衆生〟というのは、生きとし生けるものすべてです。人間ばかりでなく、牛や馬、蠅や蚊までもがほとけの慈悲に照らされているのです。

もちろん、そのほとけの慈悲にあずかっていることを自覚できる存在は、人間だけです。牛や馬がそれを自覚できるわけではありません。が、ほとけは、あらゆる生きものの幸せを願っておられるのです。

と言うより、じつは、

「一切衆生が安穏《あんのん》なれかし」

と願う、その「願い」そのものがほとけであると見たほうがよいのでしょう。

仏とは何か？　ほとけとは何か？　その質問に答えるのはなかなかむずかしいのですが、われわれが存在しているこの宇宙の背後に、あらゆる生きものが幸せであるように……と願っている、

――大いなる宇宙意思――

が働いていると考えてください。その目に見えない、抽象的な宇宙意思を名づけて「仏」あるいは「ほとけ」と呼ぶのだ。そう説明すればわかっていただけると思います。その目に見えない宇宙意思が具象化されて、われわれ人類の前に姿を現わしたのが、いまから二千六百年の昔の、

――釈迦――

なんです。釈迦は人間の姿をとっていますが、釈迦の本質は人間ではありません。仏なのです。

この構造は、キリスト教のイエスと同じです。M図（次頁）を見てください。イエスは、宇宙の創造者である神（ゴッド）のメッセージを伝えるべく、

――神の子――

となってこの世に来臨した存在です。わざわざ人間の姿をとったのです。それと同じく、釈迦は「大いなる宇宙意思」をわれわれに説くべく、如来となってこの世に来た存在です。

M図

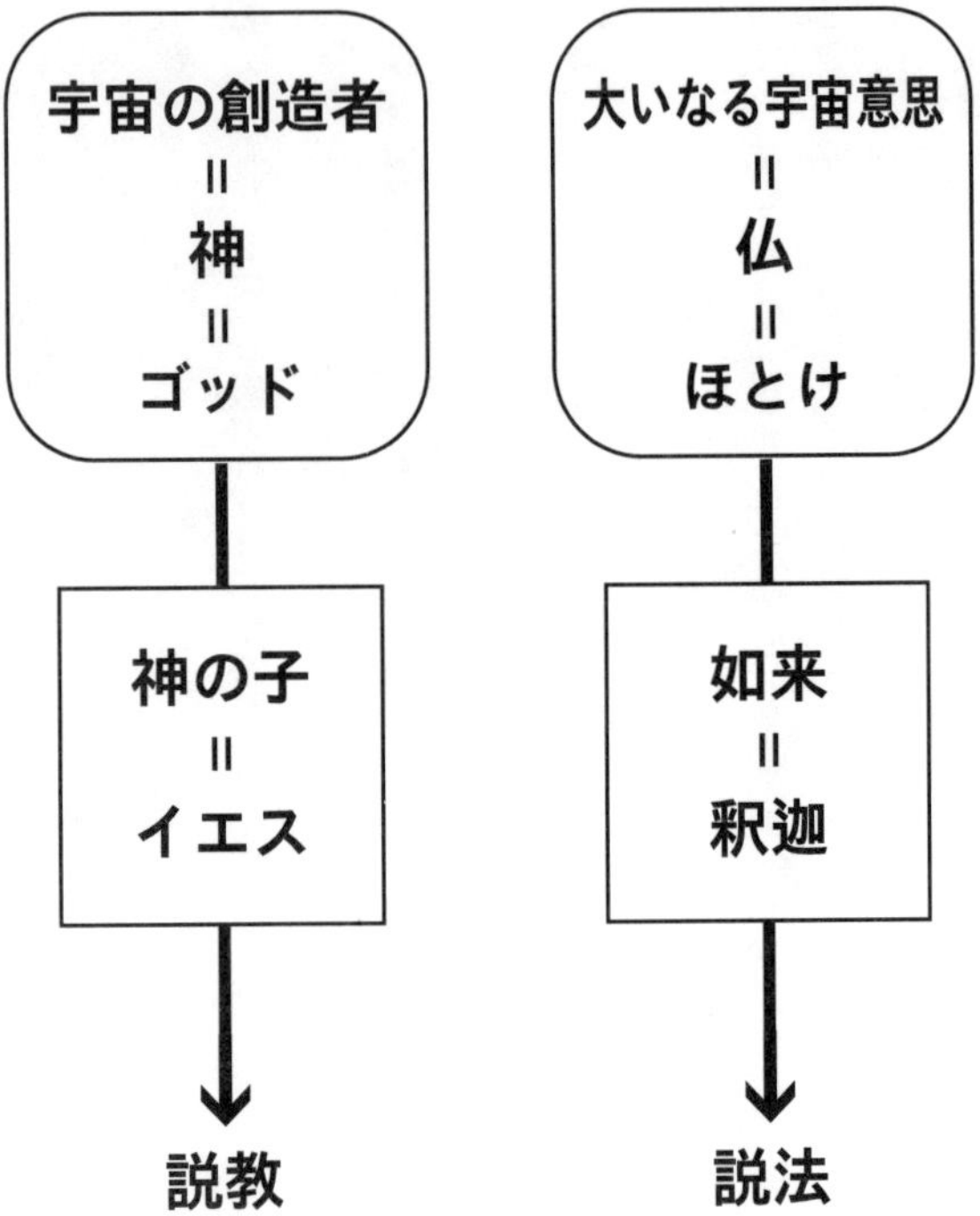

〝如〟とは「真理」の意味で、大いなる宇宙意思と同義です。この点においても、仏教（大乗仏教）とキリスト教はよく似た構造になっています。

▼慧遠は仏教者だから、敵の武運長久を祈った

ここまで考えてくると、あとはわりと簡単です。

仏教者というのは、この世のあらゆる衆生を幸せにしたいと願っているほとけ（大いなる宇宙意思）の存在を信じることができる人間です。あらゆる衆生を幸せにしたいという願いが「慈悲」です。そのようなほとけの慈悲を自覚した者が仏教者です。大乗仏教ではそうなります。

だとすれば、慈悲は愛ではありません。

なぜなら、すでに見てきたように、愛は自己中心的だからです。自分にとって都合のいいものを愛することはできますが、都合の悪いものは愛せません。味方を愛することはできても、敵は愛せないのです。

中国、東晋時代の僧に慧遠《えおん》（三三四―四一六）がいます。彼は盧山《ろざん》に住んでいたので、「盧山の慧遠」と呼ばれています。

当時、江南地方を支配していた桓玄《かんげん》将軍は、この慧遠を尊崇していました。それで、隣国と戦争することになったとき、将軍は廬山に登って来て、慧遠に戦勝祈願のご祈禱を頼みます。慧遠はそれを引き受け、弟子を集めて大々的な祈禱をやりました。

そのあと、山を下りようとする将軍を呼びとめ、慧遠はこう言いました。

「わたしは、もちろん、そなたの戦勝を祈願した。しかし、同時にわたしは、そなたが闘う相手の将軍の武運長久も祈っておいたから、そなたはそのことを忘れないように……」

一瞬、桓玄将軍は顔色を失います。

あたりまえです。自分の戦勝祈願を頼んだのに、同時に相手の戦勝も祈られたのでは、意味がなくなってしまいます。

けれども桓玄将軍は、そのあとじっと考えて、慧遠の気持ちをよく理解したと伝えられています。

AとBが戦えば、一方の勝利は他方の敗北になります。Aの勝利の祈願を仏が聞き届けるなら、Bにとっては仏は悪魔になってしまいます。

それは、大学入試や入社試験でも同じです。わたしが合格すれば、確実に誰か一人は落ちているのです。

わたしたちは、残念ながら凡夫ですから、自分の利益を望みます。わたしが大学に入りたい、わたしがその会社に入りたいのです。そして、「わたしを合格させてください」とほとけさまに祈るのです。

それがエゴイズムの祈りであることを知っていて、しかも祈るのです。そんな祈りはよくないと知っていて、にもかかわらず祈るのです。

それが凡夫です。だから、仕方がないのです。

ですが、ほとけさまは違います。ほとけさまは、桓玄将軍が勝って、相手の将軍が負けることを望んでおられません。だが、反対に、桓玄将軍が負けることを望んでおられるわけでもありません。誰もが不幸になってほしくない、と、ほとけさまは願っておられます。

そのほとけさまの願いが「慈悲」です。

そして、そのほとけさまの願いに気がついた人間が仏教者なのです。

慧遠は桓玄将軍をして、そのほとけさまの慈悲のこころに気づかせたかった。だから彼は、桓玄将軍が闘う相手の将軍の武運長久を祈ったのです。

▼仏の慈悲を知った人間はどうすればよいか?

さてと、問題は実践論です。

わたしたちが生きるこの娑婆《しゃば》世界――仏教では、ほとけの世界である浄土に対比して、迷い衆生の生きる世界を〝娑婆〟と呼びます――においては、それぞれの利害が対立していまず。甲の利益は乙の不利益になることが多いのです。だから各自は、自分の利益を追求し、他人の不利益を願わないまでも平気でいます。結果的に他人が不利益になることを黙認しているのです。

いえ、歯に衣を着せずに言えば、われわれは自分の利益を求めて、他人の不利益を願っているのです。

ところが、ほとけさまは、みんなの幸せを願っておられます。誰もが不利益にならないことを願っておられます。それがほとけさまの慈悲のこころです。

そのほとけさまの慈悲のこころを自覚できた人が仏教者です。すなわち、仏教者とは、わたしが知らず知らずのうちに他人の不利益を願っている、その他人の幸福をほとけさまが願っておられる――ということに気づくことのできた人間です。

ここまではおわかりいただけますね。

さて、そこで問題は、わたしたちがそのほとけさまの慈悲のこころに気づいたあと、どうなるか？　です。あるいは、わたしたちは慈悲のこころに気づくだけでいいのか？　それとも、気づくだけでは駄目で、気づいたあと、われわれは何らかの行動を起こすべきでしょうか？

これはむずかしい問題です。

何らかの行動を起こせ——と言われても、では、たとえばわたしが戦闘に負けて相手に勝たせてやるのですか？　わたしが大学に入らないほうがいいのですか？

たぶん、そうではありませんよね。ほとけさまは、わたしが不幸になることを願っておられるはずがないのです。

かといって、みんなが大学に合格できるわけではありません。落ちる人が必ずいます。矛盾です。みんながみんな、幸福になれるわけがないのに、ほとけさまはみんながみんな幸福になってほしいと願っておられる。そこのところを、われわれはどう考えればよいのでしょうか……？

じつは、この問題に発言しているのが、浄土真宗の開祖の親鸞（一一七三—一二六二）です。彼は『歎異抄』の中で、次のように言っています。

《慈悲に聖道・浄土のかはりめあり。聖道の慈悲といふは、ものをあはれみ、かなしみ、はぐくむなり。しかれども、おもふがごとくたすけとぐること、きはめてありがたし。浄土の慈悲といふは、念仏して、いそぎ仏に成りて、大慈大悲心をもつて、おもふがごとく衆生を利益《りやく》するをいふべきなり。今生《こんじょう》に、いかにいとほし不便とおもふとも、存知《ぞんじ》のごとくたすけがたければ、この慈悲始終《しじゅう》なし。しかれば、念仏申すのみぞ、するとほりたる大慈悲心にて

候ふべきと云々《うんぬん》》

——聖道門と浄土門とでは、慈悲の考え方が違っている。聖道門で慈悲というのは、対象を憐れみ、悲しみ、保護してやろうとするものだ。しかしながら、思いのままに他人を助けてあげることは、まずはできそうにない。そこで浄土門では、慈悲は、お念仏をして自分自身が急いで仏となり、その仏の大慈悲心をもって自由自在に衆生を助けてあげることをいうのだ。いまこの世にあって、どれだけ他人に同情し、相手を気の毒に思っても、完全な意味で他者を助けてあげることはできないのであるから、そういう慈悲は所詮、中途半端である。だとすれば、ただただお念仏することだけが、首尾一貫した意味での大慈悲心なのである。親鸞聖人はそう言われた。

この『歎異抄』は、親鸞の没後、弟子の唯円《ゆいえん》が生前に師から聞き教わったことを書き留めたものです。ここに引用したのは、その『歎異抄』の第四章の全文です。

▼すべての人を幸福にできないという現実

親鸞は、聖道門と浄土門では慈悲の考え方が違う、と言っています。聖道門というのはオーソドックスな（正統的な）仏教です。禅宗のように、修行を重んじる仏教だと思えばいいでしょう。浄土門とは、他力の仏教で、お念仏を中心とする仏教だと思ってください。

〝慈悲〟という言葉は、

〝慈〟は……サンスクリット語の〝マイトリー〟に相当し、「友情」といった意味です。

〝悲〟は……同じくサンスクリット語の〝カルナー〟で、「呻《うめ》き」といった意味です。

つまり〝慈悲〟は、他人の喜びを一緒に喜び、他人の悲しみにともに呻き声を発することです。仏教では、「抜苦与楽」（他人の苦を取り除き、他人に楽を与える）と言われています。

慈悲というのは、まあ普通には、困っている人を助けてあげることでしょう。飢えた人に食を与え、失業の人に職を与えることです。でも、そんなこと、できっこありません。飢えた人が何万人といるとき、全員に食が与えられますか。失業者がごまんといるとき、その全員を就職させることができますか。不可能です。

で、浄土門（他力の仏教）でいう慈悲は、お念仏をして自分が仏になって、それから人々を助けることとです。親鸞はそう言うのです。

これはどういう意味でしょうか……？

じつは、これは、端的にいえば、

——この世を捨てる——

ことです。世捨人になることだと思ってください。

わたしたちは無力なんです。われわれがいくら努力したところで、どれだけがんばってみても、日本の国民のすべてを幸福にすることはできません。ましてや、地球上のすべての人類を幸福にすることなど、できやしないのです。

ですから、わたしたちは、

――あきらめる――

のです。この世を完全にすることなどできやしないとあきらめるのです。この〝あきらめ〟は「断念」ではなしに、「明らめる」ことです。この世を完全無欠の理想世界にすることのできない、人間の無力さを正しく認識することです。その「あきらめ」のついたとき、わたしたちはこの世を捨てることができます。

じつは、ここのところに大きな問題があります。親鸞のこのような考え方に対して、たとえば日蓮（一二二二―八二）は、

「それはおかしい！」

と異議を唱えています。日蓮は、この娑婆世界は釈迦仏が活躍された土地ではないか。その釈迦仏の国土を浄化して、少しでも理想の世界に近づけることがわれわれ仏教者の責務であって、「この世を捨てよ！」などとはとんでもない妄言だ、と言うのです。

たしかに、日蓮の主張にも一理あります。しかし、日蓮は理想論に立っているのです。そ

して親鸞は現実論に立っています。理想論でいえば、不幸に泣いている人を一人でも二人でも救ってあげたい。できるだけ多くの人を救うように努力すべきだ、となります。現実論に立てば、地球上のすべての人を救うことは不可能だ、となります。立っている次元が違っているのです。だから、理想論でもって現実論を批判するのはフェアではありません。逆に現実論に立って理想論を嘲笑するのもフェアではないのです。

さらに言っておけば、イエスが言った、

「汝の敵をも愛せ！」

も理想論です。前にも述べましたが、理想論はしばしば棚上げにされてしまいます。味方ですら愛することがむずかしいのであって、敵を愛することなどなかなかできません。そうすると、それは理想であって、現実は厳しいのだから、そんなことできっこない──ということで、自分はちっとも実践しません。しかし、他人に対しては、やはり理想に向かって努力すべきだ、と、理想論の立場から攻撃をはじめるのです。フェアじゃないですね。たとえば、二〇〇一年のアメリカにおける同時多発テロに対する報復だとして、アメリカはアフガニスタンを攻撃しました。それに対してアメリカのキリスト教教会は、「汝の敵を愛せよ！」の言葉でもって、アメリカ政府を非難したでしょうか。その非難をしないのであれば、アメリカにおいてキリスト教は死んでしまったも同然です。

▼凡夫には所詮、慈悲が実践できるわけがない

閑話休題。考えてみれば、聖道門の慈悲は理想主義に立っています。すべての人を幸福にしようと努力するのが仏教者だ、といった考えに立脚しているのです。その点では、宮沢賢治(一八九六―一九三三)の、

《世界がぜんたい幸福にならないうちは個人の幸福はあり得ない》(『農民芸術概論綱要』)

といった言葉が、それを立証しています。また彼は、

《みんなむかしからのきょうだいなのだから

けっしてひとりをいのってはいけない》(「青森挽歌」――『春と修羅』所収)

と書いています。宮沢賢治は『法華経』の教えに心酔した文学者です。これらの言葉には、『法華経』の理想主義がよくあらわれています。

また、わが国、曹洞宗の開祖の道元(一二〇〇―五三)の言葉に、

《自未得度先度他《じみとくどせんどた》》(『修証義』)

があります。自分自身はいまだ悟《さと》りの彼岸に渡っていないのに、まず他人を渡す――といった意味です。〝度〟とは悟りの彼岸に渡ることであり、救われることです。自分の救いよ

りも他者の救いを優先する。それが大乗仏教の精神です。いわば渡し守《もり》の精神です。

これが理想論です。理想論は決してまちがいではありません。

けれども、理想は理想であって、現実とは違います。われわれが現実を見れば、

《しかれども、おもふがごとくたすけとぐること、きはめてありがたし》

といった、親鸞の嘆きが当然に出てくるのです。

《今生に、いかにいとほし不便とおもふとも、存知のごとくたすけがたければ、この慈悲始終なし》

と言わざるを得ないのです。「この慈悲」とは、理想論で言う慈悲です。理想論で言う慈悲は、所詮は中途半端です。二人がパンを求めて泣き叫んでいても、パンが一個しかなければ、一人を見殺しにせねばなりません。きょうパンを貰って生き延びた人間が、明日、飢え死にするかもしれません。それじゃあ、パンを与える行為は、彼の苦しみを一日だけ長くすることにならないか。そこを親鸞は、「この慈悲始終なし」と言っているのです。

それに、下手をすれば、この「慈悲」が「愛」になってしまう危険があります。

飢えに泣き叫ぶ子どもたちに対して、われわれはまず自分の子にパンを与えるでしょう。自分の子が二人、三人いれば、親は優秀な子、自分の気にいった子に先にパンを与えます。その行為は「愛」であって、「慈悲」ではありません。わたしたちが自分の物差しでもって

対象を選別すれば、そのときはすべてが「愛」になってしまうのです。

然《しか》りとすれば、われわれ凡夫には慈悲ができないのです。

慈悲が実践できるのは、ほとけさまだけでしょう。

だから親鸞は、

《念仏して、いそぎ仏に成りて》

と言います。仏でなければ慈悲ができないのであれば、われわれが仏になるよりほかありません。親鸞はそう考えたのです。

▼仏に超能力があるとしても、それを使わない

では、われわれはどうすれば仏になれるでしょうか……?

それは、この世においてではありません。

われわれが仏になることができるのは、何度も何度も生まれ変わり、輪廻転生《りんねてんしょう》を繰り返し、その間修行を積み重ねた末のはるか彼方のことです。あるいは浄土教の考え方によると、阿弥陀仏の浄土である極楽《ごくらく》世界に往き生まれて、その世界において仏となることができるのです。親鸞の考えは、この後者のほうです。

いずれにしても、わたしたちはいま生きているこの世では仏になることはできません。

ところで、それでは仏になるとどうなるのですか?

仏になれば超能力が得られるわけではないでしょう。打ち出の小槌が手に入って、それを振って無数のパンを取り出し、多くの貧者に配る、というのでもありません。すべての病人を奇蹟的な力でもって治療するわけでもありません。そんな仏を想像してはいけない。それでは漫画です。

ほんの少し、まともに考えてみればわかるはずです。たとえば、病人のすべてを奇蹟的な力でもって治療できたとします。そうすると、病気で死ぬ人はなくなります。すべての人間が百二十五歳まで生きられるようになるわけです。

そうなると、この地球は超過密状態になりますね。で、食糧の奪い合いになります。

いつか、ある僧侶がわたしにこう言いました。

「ある医者が、いずれ医学が発達すれば――それももうすぐのことだが――人間を不死にできますよ。その人の遺伝子を取り出して、予備の人体をつくっておき、心臓が悪くなると予備の心臓と、肝臓が悪くなると予備の肝臓と取り替えるのです。そうすれば、人間は永遠に生きられます。そういう時代になれば、宗教者の存在価値はなくなりますね。そんなふうに言われました。それを聞いて、わたしは返す言葉がなかったのですが、ひろさんならどう言われますか……?」

「そんなことを言う医者をやっつけるのは、簡単ですよ」——と、わたしは答えました——「もし人間が不死になれば、どこかで地球が養える人口の上限状態に達します。そうなると、人間は子どもを産むことができなくなります。だから、セックスもできない。ちょうど、生殖機能のない働き蟻になってしまうのです。そうなって人間は幸福なんですか?! そう問い返してやるとよいですよ」

「なるほど……」

その僧侶は感心していました。

ともあれ、たとえそれができたにしても、人間を不死にすることが人間の幸せではありません。わたしたちは、「死にたくない、死にたくない」と願っており、また死んでいく人をかわいそうに……と思っていますが、それがおかしいのです。死んでいくのがかわいそうだからといって、その人に永遠の生命を与えることが慈悲ではないのです。

わたしはときどき冗談のように言うのですが、ほとけさまに超能力があって、人間の癌を治すことができても、ほとけさまはその超能力を使われることはないでしょう。なぜなら、ほとけさまが片っ端から癌を治してしまえば、医者が生活に困ります。「一切衆生が安穏なれかし」と願っておられるほとけさまの願いからして、ほとけさまが医者が困るようなことをされるわけがありません。

これは冗談のように聞こえるかもしれませんが、決して冗談ではありません。われわれは、すべての人が幸せに生きてほしいというのが仏の願いだということを、しっかりと覚えておかねばなりません。それが慈悲のこころなんです。

▼仏は微笑みを浮かべつつ現実世界を見る

だとすれば、仏の慈悲のこころは、現実世界のあるがままを、じっとそのまま見ておられることだと思います。

仏が超能力の打ち出の小槌を持っておられても、その小槌を振られることはないでしょう。仏は現実世界に干渉されないのです。

仏が現実世界に干渉されると、一部の人々の利益になるでしょうが、他の人々にとっては不利益になります。では、誰に利益を与え、誰を不利益にしますか？　もちろん仏だから、利益を与えるべき者に与え、不利益にすべき者を不利益にされるでしょう。その選別は正しく行なわれます。わたしはそれを疑いませんが、しかし仏がそのような選別をされたとたん、仏は慈悲の仏ではなくなってしまいます。仏は一種の裁判官になってしまいます。

すべての人を幸せにしたいという願いが、慈悲のこころです。一部の人を幸せにし、他の人々を不幸にするのは、慈悲のこころではありません。

だから、慈悲の存在である仏が現実世界に干渉することはありません。干渉すれば慈悲の存在でなくなってしまうからです。

仏は、現実世界をあるがまま、そのままじっと見ておられます。

ということは、仏の目で見るならば、現実世界はこのままで、

――完全――

なのです。このままで最高です。このままですばらしいのです。

でも、それは、あくまでも仏の目で見たときですよ。

わたしたち人間の目で見れば、この世界は不完全であり、欠点だらけの世界です。

そのことを、『法華経』は、

《唯《ただ》、仏と仏とのみ、乃《すなわ》ち能《よ》く諸法実相《しよほうじつそう》を究《きわ》め尽せり》(「方便品」)

と言っています。「諸法実相」とは、この宇宙に存在するすべてのものが真実の存在である――という意味です。現実世界がそのままで完全である――と解釈してもよいでしょう。

そして、それは、「唯仏与仏《ゆいぶつよぶつ》」(唯、仏と仏とのみ)がわかることです。仏の目で見たとき、この現実世界は完全であり、われわれ凡夫の目で見れば、それは不完全です。

だから仏は、現実世界をあるがまま、じっと眺めておられます。それが慈悲です。幼いわが子を失った両親の悲しみを、仏は涙を流しながら見ておられるでしょう。死は、われわれ人間にとって悲しみですが、仏の慈悲の目で見れば、それは「実相」（真実のありよう）です。とすれば、わたしはいま「仏は涙を流しながら見ておられる」と書きましたが、涙を流すのは凡夫の行為であって、仏に涙はふさわしくありません。仏はきっと静かに微笑みを浮かべながら見ておられるでしょう。わたしたちが仏像に見る、

――やさしい微笑み――

こそが、仏の慈悲にふさわしいものだと思います。

大学受験に落ちた者を、会社を首になった者を、仏はやさしい微笑みでもって見ておられます。癌になった者を、仏は静かに見ておられます。それが仏の慈悲です。わたしはそう信じます。

▼人間はどんなに苦しくても生きねばならぬ

親鸞は、

《浄土の慈悲といふは、念仏して、いそぎ仏に成りて、大慈大悲心をもつて、おもふがごと

く衆生を利益するをいふべきなり》

と言いました。これはたぶん、やさしい微笑みなのでしょう。繰り返しますが、《大慈大悲心をもつて、おもふがごとく衆生を利益する》という言葉を、打ち出の小槌と思ってはまちがいです。それだと漫画になってしまいます。

明治の文豪、森鷗外（一八六二―一九二二）の長女の茉莉《まり》と次男が、同時に百日咳にかかりました。次男は死んでしまい、茉莉も危篤状態になります。医者はあと二十四時間の命だと宣告します。そして、あまりにもひどい苦痛だから、モルヒネ注射をして安楽死させてあげては……と、医者が進言します。

森鷗外自身も医者です。彼は医者の立場から決断し、彼の妻も娘を安楽死させることに同意しました。そして、いよいよ注射をしようとします。

そこに鷗外の義父、森茉莉からすれば祖父が来ました。事情を聞いた祖父が、鷗外夫婦を叱ります。

「人間には天命というものがある。その天命が尽きるまで、たとえどんなに苦しかろうと生きねばならないんだ」

この祖父の反対で、注射は取り止めになります。その結果、長女の茉莉の命は助かりました。これは、森鷗外のもう一人の娘の小堀杏奴《こぼりあんぬ》の『母から聞いた話』に出てくるものです。

だから、安楽死はまちがっている――と、わたしは言うつもりはありません。まちがいか、まちがいでないかは、人間の判断に属する問題です。そして、わたしは、人間の判断は常にあやふやだと信じています。神や仏のような絶対者でない人間が、完全にして無謬《むびゅう》なる判断が下せるはずがないのです。それ故、人間の下す判断は常に相対的なものであって、その相対性の中で議論されるべきです。そしてわたしは、その議論に加わる気はありません。

つまり、この場合、森鷗外は医学の立場に立っています。それは相対性の立場です。そこでは、人間が下した判断の是非が問われます。結果的には鷗外の判断は正しくなかった。が、それはこの場合にかぎっての結果による採点であって、それでもって安楽死そのものの是非は決定できません。

だから鷗外は、この事件の数年後、『高瀬舟』といった小説を書いています。

遠島を申し渡された罪人を護送する高瀬舟の中で、なんだか楽しそうにしている罪人がいます。彼は喜助という名で、弟殺しの罪に問われた罪人です。だが彼は、運命を恨むことなく、従容としているのです。

その態度を不審に思った同心が、高瀬舟の中で喜助から罪を犯した事情を聞きます。喜助は、自殺を図って苦しんでいる弟の咽《のど》から剃刀《かみそり》を抜いてやり、それが結果的に弟を安楽死させることになったのです。そう聞いて、同心はこんな疑問を持ちます。

《喜助は其苦を見てゐるに忍びなかつた。苦から救つて遣らうと思つて命を絶つた。それが罪であらうか。殺したのは罪に相違ない。しかしそれが苦から救ふためであつたと思ふと、そこに疑が生じて、どうしても解けぬのである》

この同心の疑問は、鷗外自身の疑問にほかならないと思います。

このように、人間の判断という相対論の立場に立てば、疑問はどこまでも残ります。議論は延々と続くでしょう。もう一度繰り返しますが、わたしはその議論に加わるつもりはありません。

わたしは、祖父の立場を支持します。

――人間はどんなに苦しかろうと、生きねばならない――

これが祖父の立場です。そして、これが仏教の立場であり、宗教の立場です。

この立場に立ったとき、わたしたちは、苦しみ、踠《もが》き、のたうちまわっているわが子を、じっと見ていなければなりません。

手を出すことは許されません。

のたうちまわるわが子をじっと見ているのがほとけの慈悲です。手を出せば、慈悲でなくなってしまうからです。

▼慈悲によってこそ、われわれの苦悩は軽減される

ようやく、結論に辿り着いたようです。

仏教においては、「愛」と「慈悲」は峻別されます。

苦しみ、悩み、踠き、のたうちまわっている人間がいて、その人間の苦悩を軽減させてやろうとするのが愛です。

ただし、早とちりしないでください。わたしが言った〝人間〟は、必ずしも他人ではありません。そこには自分自身が含まれています。だから、自分自身が苦しみ、悩んでいれば、まずその自分自身の苦悩を軽減させようとするのです。他人は二の次です。

そしてその「愛」が他者に及ぶ場合は、自分に近しい者が優先されます。「愛」が敵にまで及ぼされることは、まずはないでしょう。

それでは、その「愛」によって、実際に苦悩が軽減されるでしょうか……？　たぶん、ケース・バイ・ケースです。場合によっては軽減されることもあるし、場合によっては軽減されません。

いや、ここまで来ると、わたしたちは再び第一章に戻る必要があります。第一章において、

わたしたちは、愛が人間を傷つけることもあると学びました。二人の男性に愛された乙女は、自分の選択によっていずれかを傷つけることを知ったのです。だから彼女は、自己の生命を犠牲にしました。彼女のやさしさが、彼女自身を傷つけてしまったのです。しかし、彼女がやさしくなければ、二人の男のいずれかが傷つきます。このケースにおいて、愛は人間を傷つけるものです。誰も傷つかずに終わることはあり得ないのです。

これも第一章で触れたことですが、蜘蛛の巣に引っかかった蝶を逃がしてやれば、われわれは蝶の苦悩を軽減してやったでしょうが、その反面では蜘蛛の苦悩を増大しているのです。そしてこの場合、愛の讃美者は、蝶は美しいが故に蝶への愛を肯定し、蜘蛛は醜いが故に蜘蛛への不愛(ないし憎しみ)には目を瞑《つむ》ります。

でも、それは「弱肉強食」の論理です。

この「弱肉強食」の論理は、強者にとっては都合のいい論理ですが、弱者にとっては困ります。この論理でいけば、弱者の苦悩は軽減されません。

そして、強者も、いつまでも強者でありつづけることは不可能です。強者もいつか弱者に転落します。そのとき、弱者となった強者は涙を流さざるを得ません。老いたライオンはハイエナの餌食になるのです。

さらに、弱者が破れかぶれになって強者を攻撃することがあります。二〇〇一年九月十一日のアメリカにおける同時多発テロは、強大国アメリカに対する弱者の攻撃でした。

そう考えるなら、「弱肉強食」の論理によっては、強者も弱者も傷つきます。つまり、「愛」によっては、強者も弱者も含めたすべての人の救済は不可能です。

それ故、愛してはならないのです。仏教はそう言います。

愛ではなしに、慈悲です。それが大乗仏教の教えです。

そして慈悲とは、苦しみ、悩み、踠き、のたうちまわっている人間を、じっと見ていることです。蜘蛛の巣に引っかかった蝶の苦しみを、じっと見つめていることです。

見ているわたしは、もちろん苦しい。

わが子が泣き叫ぶとき、親は断腸の想いに駆られます。

鷗外は、それをじっと見ていられなくて、娘にモルヒネを打つことを考えました。鷗外は「愛」に逃げようとしたのです。

鷗外の義父は、「慈悲」を教えました。人間はどんなに苦しくても生きねばならぬ。その苦しみをじっと見ておれ！　それがほとけの慈悲だと教えたのです。

そうなんです、ほとけさまは、いつも微笑みを浮かべて、われわれ凡夫の苦しみを見てくださっています。その微笑みがほとけさまの慈悲です。

人間は、苦しいときには苦しみながら生きればよいのです。わたしたちが苦しむとき、必ずほとけさまが一緒に微笑みながら苦しんでくださっています。

うれしいときは、うれしく生きればいい。わたしたちがうれしいとき、必ずほとけさまが微笑みを浮かべつつ、一緒に喜こんでくださっています。

わたしたちは、ほとけさまの慈悲を信じて生きればいい。そうすると、もっと楽に生きられるようになります。すなわち、苦悩が軽減されるのです。

大乗仏教は、愛ではなしに、そのような慈悲を説いています。それが本書の結論です。

新潮選書

愛《あい》の研究《けんきゅう》

著　者……………ひろ　さちや

発　行……………2002年11月15日

発行者……………佐藤隆信
発行所……………株式会社新潮社
〒162-8711　東京都新宿区矢来町71
電話　編集部　03-3266-5411
読者係　03-3266-5111
印刷所……………錦明印刷株式会社
製本所……………株式会社植木製本所

乱丁・落丁本は、ご面倒ですが小社読者係宛お送り下さい。送料小社負担にてお取替えいたします。
価格はカバーに表示してあります。
©Sachiya Hiro 2002, Printed in Japan
ISBN4-10-603520-0　C0314

仏教とキリスト教
――どう違うか50のQ＆A――
ひろさちや

キリストの愛かホトケの慈悲か。天国と極楽は同じか。輪廻思想と復活思想の違いは？　南無阿弥陀仏とアーメンの意味は……。ユニークで画期的な宗教案内。《新潮選書》本体一〇〇〇円

仏教と神道
――どう違うか50のQ＆A――
ひろさちや

神と仏の違いは？　なぜ仏前では合掌し神前では手を拍つか。禊は禅のようなものか。日常的視点から日本人の心に迫る『仏教とキリスト教』に続く絶妙案内。《新潮選書》本体一〇〇〇円

キリスト教とイスラム教
――どう違うか50のQ＆A――
ひろさちや

キリストの愛、イスラムの律。個人の祈りか集団の礼拝か。なぜ「一夫一婦」と「四人の妻」？『仏教とキリスト教』『仏教と神道』に続く好評シリーズ第三弾！《新潮選書》本体一〇〇〇円

どの宗教が役に立つか
ひろさちや

どの宗教が「安心立命」への近道か。人間を上等にするか。「煩悩」に寛容か。死の恐怖を取り除くか……誰にも切実な六つのテーマをめぐるユニークな比較宗教論。《新潮選書》本体一〇〇〇円

日本仏教の創造者たち
ひろさちや

わが国の仏教史は、彼ら名僧たちの「創造」の歴史である――。空海、親鸞、道元、良寛等の思考の軌跡を辿りつつ、日本版オリジナル仏教の姿を問い直す。《新潮選書》本体一一〇〇円

禅がわかる本
ひろさちや

不可思議なるものの代名詞・禅問答がすんなり分る！　ひろさちや魔術が「要するに」と語り出すとき、あなたはもう禅の懐にいます。本邦初のＺＥＮ虎の巻。《新潮選書》本体一一〇〇円

表示の価格には消費税は含まれておりません。

仏教と儒教 どう違うか50のQ&A　ひろさちや

思想の根幹から、伝播、歴史、聖地、タブー、果てはセックス観まで。日本人の思考と倫理を作った両思想を徹底的に比較検討。人生を問い直す絶好の一冊。《新潮選書》本体一一〇〇円

釈迦とイエス　ひろさちや

解脱前の釈迦、復活前のイエス。人間としての両者の孤独、絶望、迫害……。数々の意義深い宗教的名場面を抽出・検討して宗教の原点を追究する。《新潮選書》本体一一〇〇円

ひろさちやの般若心経88講　ひろさちや

日本人に最も親しまれ読まれてきた般若心経。この三百字足らずのお経を88の興味深いテーマに分け、著者一流の譬喩とユーモアでわかりやすく説いた今日的な仏教案内。本体一四〇〇円

阿《ア》闍《ジャ》世《セ》王物語　ひろさちや

阿闍世王子は何故、罪なき父王を弑するのか。何故、釈尊は王子を救わぬのか……。人間の運命を翻弄する〝業〟と〝欲〟。古代インドを舞台に展開する魂の救済の物語。本体一七〇〇円

☆ラッコブックス☆
宗教練習問題　ひろさちや

くよくよするな！　不安、怖れ、悩み、迷い。すべての答えは、この本のなかにある。〝ホンモノ宗教〟流ラクな生き方を知って、堅い人生をほぐしましょう。本体一一〇〇円

神とゴッドはどう違うか　鹿嶋春平太

ザビエルの昔から、日本人のキリスト教誤解史は始まった！　移ろうものに美を感ずる日本人と永遠なるものを追求する西洋との比較文化論的宗教学の試み。《新潮選書》本体一一〇〇円

表示の価格には消費税は含まれておりません。

日本宗教とは何か　久保田展弘

縄文時代以来の信仰と渡来宗教は、いかに融合し、変容していったのか——。出羽三山、熊野など宗教ゆかりの各地を検証し、日本人の精神の基層に迫る！　《新潮選書》本体一二〇〇円

人間通　谷沢永一

他人の気持ちをいかに的確に理解するか——文化論から組織論まで、わずか六百字に凝縮された九十余の賢察。読書案内「人間通になるための百冊」付。　《新潮選書》本体一〇六八円

人間の死にかた　中野好夫

ユニークな生はユニークな死を約束する。フロイト、トルストイ、親鸞など、独特な人生を歩んだ七人の晩年を描き、その死にかたのうちに〝生〟の実相を探る。《新潮選書》本体一一〇〇円

禅とは何か
——それは達磨から始まった——　水上勉

中国に生れ、日本人の生き方や美意識に深い影響を与えてきた禅。始祖達磨に始まり、栄西や道元を経て一休、良寛に至る純粋禅の系譜を辿りその本質を解く。《新潮選書》本体一三〇〇円

男と女の家　宮脇檀

家には無関心な男たちと、ご執心の女たち。戦後、加速度的に〝メス化〟した住宅の病とは？親子関係、夫婦関係をも左右する、転ばぬ先の住まいの知恵。　《新潮選書》本体一一〇〇円

生き方の研究　森本哲郎

十九人の先人の見事な生涯の根源となった信念は何かを見つめ、混沌の現代をどう生きるべきか、という素朴な問いへの指針を提示したユニークな人生論！　《新潮選書》本体一一〇〇円

表示の価格には消費税は含まれておりません。